JE COMMUNIQUE AVEC LES DÉFUNTS

ALAIN JOSEPH BELLET

JE COMMUNIQUE AVEC LES DÉFUNTS

ARCHIPOCHE

alainjoseph.bellet@orange.fr
www.medium-bretagne.com

Notre catalogue est consultable à l'adresse suivante :
www.archipoche.com

Éditions Archipoche
34, rue des Bourdonnais
75001 Paris.

ISBN 978-2-35287-917-6

À Philippe, mon merveilleux compagnon, pour son soutien de chaque jour et le bonheur qu'il m'apporte.

À ma sœur, en souvenir de notre enfance.

À ma bien-aimée petite maman, Josiane Bellet, qui revit dans l'au-delà et ne me quitte jamais, ainsi que mes grand-mères, Françoise et Marie.

À ma tante Yvette et à tous les autres, qui ont quitté ce monde et qui demeurent présents.

Ce livre a pour but de vous faire partager mon expérience en tant que médium mais aussi de retracer mon histoire personnelle que je lie à l'évolution de cette faculté. Vous découvrirez au fil de votre lecture que posséder ce *don* ne rend pas toujours la vie facile.

Mon plus beau cadeau est la certitude de pouvoir partager avec vous l'existence d'un autre univers, parallèle, et de vous aider, grâce à mes visions, à mieux comprendre vos expériences de vie.

Avant-propos

Marina me consultait pour des raisons sentimentales. Elle semblait stressée car elle attendait impatiemment ce rendez-vous. Après lui avoir exposé la façon dont je procède, je lui décrivis les scènes de sa vie. Comme j'évoquais son travail, je pus lui citer les prénoms de ses collègues. Puis je me mis à lui parler de la relation fusionnelle qu'elle entretenait avec son fils Dylan. J'étais en train d'aborder son avenir amoureux quand une douleur à la tête vint interrompre mon propos. Une incorporation d'énergie était entrée en moi avec cette phrase : « J'ai très mal à la tête ! » Je la rapportai à Marina ainsi qu'une autre phrase qui s'était imposée ensuite : « Dis à maman que je l'aime et que je suis heureux ! » Cette fois, l'intonation de ma voix avait curieusement changé.

Marina me dit que son frère répétait souvent à leur mère : « J'ai très mal à la tête. » Cette sensation de douleur, je la ressentais à présent moi aussi. Marina m'apprit qu'il était décédé d'une tumeur au cerveau. Sur ces mots, la douleur me quitta et je pus décrire l'esprit de ce frère que j'avais en face de moi.

Il me donna son prénom et aussi la date de sa mort, qui était un 28. L'esprit me montra sa mère déposant des fleurs auprès de la photographie qui le représentait. Sa sœur me confirma l'ensemble de ces faits avec une vive émotion.

Une femme âgée se présenta en transparence. C'était la grand-mère de Marina. Je pouvais voir la blouse pailletée qu'elle portait de son vivant. « Vous détestiez cette blouse, n'est-ce pas ? » Marina m'avoua qu'en effet elle ne l'aimait pas du tout.

Mes guides spirituels me montrèrent un coffre à jouets dans la chambre de Dylan, le fils de Marina. Ils me dirent qu'elle recevrait un signe. Elle entendrait du bruit provenant de ce coffre et ce serait la nuit. Ce signe l'avertirait qu'il serait temps pour elle de se préparer à un départ. Quelque temps plus tard, Marina entendit le bruit annoncé. Il la prévenait de la mort de son parrain. Elle en fut bouleversée.

Des semaines avaient passé lorsque Marina vint me rendre visite. À peine venait-elle d'entrer dans mon bureau que l'esprit de son frère fit son apparition. Un flot d'émotions me traversa et je ne pus retenir mes larmes. L'esprit me montrait sa mère en train de déposer des fleurs sur sa tombe, un bouquet jaune et blanc.

Marina se dit fort étonnée car, selon elle, sa mère n'allait jamais au cimetière. Quelques jours s'écoulèrent, puis elle m'appela pour m'informer qu'elle avait eu des nouvelles de sa mère et qu'à cette occasion elle lui avait demandé ce qu'elle avait fait de son après-midi. Sa mère lui avait répondu qu'elle était allée fleurir la tombe de son frère. Marina l'interrogea sur la couleur des fleurs : « Blanches et jaunes, pourquoi ? »

Marina venait de comprendre que l'esprit de son frère avait été simultanément présent dans mon bureau et au cimetière. De cette façon, Yannick nous avait adressé ce message : *L'âme peut être présente en plusieurs endroits à la fois.*

Je venais de vivre avec Marina un moment de grande émotion. Ce fut une consultation difficile. Lorsque l'au-delà se manifeste avec tant d'énergie et qu'il déploie tellement d'efforts, je ne peux que le remercier. Toutes ces preuves de survie sont des cadeaux du ciel. Souvent, elles me ramènent à ma petite enfance.

L'Enfance

J'ai décidé de naître le mardi 18 décembre 1962, en Bretagne, dans le Finistère sud. L'hiver frappait aux portes depuis la mi-novembre, plus rude que jamais. À 11 h 45, pour ma venue au monde, la neige tombait sur Pont-l'Abbé.

Sous le ciel gris, où ne perçait aucune lumière, ma naissance apportait une pointe de soleil. Il faisait beau dans les bras de ceux qui m'accueillirent ce jour-là. La joie se donnait en partage entre mon père, ma mère, et Soize et Alour, ses parents adoptifs. Une joie que devait ressentir Marie, ma grand-mère paternelle, qui vivait seule depuis plusieurs années, dans une fermette située à Penmarc'h, à trente kilomètres de chez nous. Joseph, son mari, était décédé en 1942 de la tuberculose.

Mes origines sont bien modestes. Elles appartiennent à cet univers de la pêche qui me fit avoir un père intermittent. Les photographies en témoignent, j'étais un bébé bien portant, sans doute enveloppé de quelques kilos superflus, d'un appétit toujours gourmand. Je devins ensuite un enfant attaché à sa mère. Il fallait qu'elle redouble d'amour pour me faire oublier l'absence de celui qui était sur les flots bien plus souvent qu'à quai.

La maison que nous occupions avait été construite avant la Seconde Guerre mondiale sur la petite commune de Loctudy, dans le voisinage de la mer. C'était une bâtisse de pierre soulignée de briques rouges. Elle possédait un jardin fleuri et un potager que cultivaient affectueusement Soize et Alour. Tout près s'étendait un champ planté de pommes de terre et de poireaux. Aux belles heures de l'été, une table était dressée parmi les arbustes et les légumes pour des fêtes de plein air où nous nous disputions, ma sœur et moi, une bouteille de limonade tout en dégustant de belles tartines appétissantes.

Mes parents avaient investi le premier étage, qui disposait d'un séjour et de deux chambres. Soize et Alour occupaient le rez-de-chaussée, où les Noëls étaient invariablement célébrés auprès de la cheminée. C'était là, après la messe de minuit, que nous découvrions nos cadeaux dans le réchauffement de la flamme. Noël était pour nous synonyme d'unité. C'était, chaque année, le miracle assuré d'être ensemble réunis.

Le visage de mon grand-père Alour, je le revois distinctement, rond, buriné, chaussé de petites lunettes et coiffé d'une casquette de marin. Il marche difficilement en s'appuyant sur une canne. Mais pourquoi, alors qu'il aime tant me prendre dans ses bras, faut-il que je le repousse en lui assenant des coups de pied ? J'ai trois ans, peut-être quatre, et je sais. Je sais intuitivement que mon grand-père n'est pas que gentillesse. Je sais qu'il n'est pas tendre avec sa femme quand il a bu. Aussi, je ne supporte pas ses étreintes, comme si quelque chose me disait qu'elles étaient étrangères à l'amour.

Je n'ai guère connu ce grand-père, parti en 1967 d'une embolie cérébrale lorsque j'avais cinq ans. Un jour, ma sœur et moi, nous fûmes confiés à une voisine. On enterrait Alour. C'était mon premier contact avec la mort qui reste, dans mon souvenir, semblable à une porte blanche que l'on referme. On ne devait pas savoir. La douleur nous serait épargnée.

À l'âge de six ans, il m'arrivait de redouter la nuit tant j'avais peur du noir. Comme la plupart des enfants, je demandais à ma mère de laisser la lumière allumée. Chaque soir, elle éteignait la lampe sans tenir compte de mon appréhension. Sûrement croyait-elle à un caprice et se disait-elle que cette lubie serait évacuée par le sommeil. Une nuit, je me suis réveillé en sursaut, ayant ressenti une présence qui rôdait. J'ai appelé : « Maman, viens vite ! Il y a du monde à côté de moi ! » Je voyais des particules blanches qui dansaient et dessinaient la forme d'un visage. J'étais effrayé. Je croyais que l'on m'épiait. Je voulais que ma mère reste auprès de moi et surtout qu'elle ne s'éloigne pas. Elle se leva puis me rassura simplement : « Ce n'est qu'un rêve, mon petit, rendors-toi. » Quelques mots tendres, quelques caresses eurent raison de ma frayeur. Je glissai de nouveau dans le sommeil.

Une autre nuit, je fus réveillé de la même façon, épouvanté et en sueur. Ma mère trouva les phrases qui réfutaient une présence invisible. Elle m'affirma que j'avais fait un cauchemar, quelque chose que l'on fabrique dans sa tête, rien de grave. Elle était parvenue à me convaincre de l'inexistence des particules blanches qui épient, mais une question me titillait et il fallait que je la pose : « Pourquoi doit-on mourir, maman ? Où va-t-on après ? » Les explications que ma mère me donna dessinèrent un étrange chemin. Quelque voie sur laquelle j'allais devoir m'aventurer sans être accompagné. Durant les premières années d'école, j'ai éprouvé cette différence. Toutes mes tentatives pour me lier d'amitié se soldaient par un échec. Une griffure sur ma joue et ma blouse déchirée se souviennent d'une lutte contre les railleries. Je devais me défendre, imposer cette différence dont la signification me resterait mystérieuse pendant bien des années encore.

Ma mère

Toujours à l'écoute des peines, le cœur sur la main, disponible aux souffrances des autres, apportant volontiers son aide aux personnes âgées si souvent délaissées, ma mère sur laquelle pesait un lourd passé sut se rendre légère et douce.

Abandonnée dès sa naissance à Brest, en 1939, elle fut ballottée d'orphelinat en orphelinat. Elle avait huit ans lorsqu'elle fut adoptée par Soize et Alour, de braves gens capables d'offrir assez d'amour pour que la vie devienne vivable. Mais être pupille de la nation dans la société de l'après-guerre n'était pas un statut tout à fait évident. L'enfance et l'adolescence de ma mère furent marquées par cette singularité.

Toute sa vie, elle fut hantée par la question de ses origines. De quel obscur passé était-elle née? Pourquoi l'avait-on abandonnée? Elle évoquait le souvenir d'une nourrice qui demeurait à Riec-sur-Belon. C'était pendant la guerre et elle avait deux ans. Son enfance manquait de repères et elle envisagea de faire des recherches afin d'élucider le mystère de sa naissance. Au bout de cette démarche compliquée et périlleuse, tant elle craignait de découvrir une vérité qui la ferait souffrir davantage, elle sut que sa mère s'appelait Guyard et qu'elle l'avait reconnue.

Un jour que j'étais à Brest, en visite sur le site de l'abri Sadi-Carnot incendié en septembre 1944, ce qui avait fait trois cent soixante et onze victimes, je rencontrai dans le tunnel devenu cénotaphe une femme miraculeusement rescapée du brasier. Tandis qu'elle me parlait de ce lieu où elle avait échappé à la mort, je me mis à penser à ma grand-mère, celle que je n'avais pas connue. Il me vint à l'esprit, pour je ne sais quelle raison, qu'elle pouvait très objectivement être encore de ce monde. Elle aurait l'âge de cette charmante personne qui me contait sa terrible aventure. Sortant en sa compagnie de l'abri Sadi-Carnot, je constatais que nous nous trouvions à l'emplacement où ma mère avait été abandonnée, rue Traverse, sur les lieux de son premier orphelinat.

Cette coïncidence éveilla une étrange certitude. J'étais à ce moment convaincu que je parviendrais à retrouver ma grand-mère véritable. À force de ténacité, et après avoir frappé à bien des portes, je fus finalement renseigné. Je sus qu'elle avait placé ma mère à l'Assistance publique sous le nom de Josiane Guyard pour défaut de paiement de la pension qu'elle devait à une nourrice demeurant à Riec-sur-Belon. Ces informations avaient pour moi valeur de réparation. C'était la pièce manquante d'un puzzle, j'allais arriver jusqu'à ma grand-mère. Quelques semaines passèrent et je finis par retrouver sa trace. Elle venait de décéder un mois plus tôt et se prénommait Suzanne. Hélas, les fruits de cette recherche, je ne pouvais les offrir à sa fille. Jamais elles ne se connaîtraient. Ma pauvre mère avait aussi quitté ce monde.

Je ne voulais pas en rester là. En poursuivant mes recherches, j'appris que Suzanne Guyard avait été internée dans un hôpital psychiatrique durant une cinquantaine d'années. En contactant le service dans lequel elle avait été admise, je fus mis en relation avec une infirmière fort compréhensive qui me fit parvenir une photographie de ma grand-mère. Ce cliché en noir et blanc me bouleversa. Il révélait une ressemblance frappante avec le visage de ma mère.

D'une simple curiosité, celle de connaître l'histoire de l'abri Sadi-Carnot, j'étais parvenu à renouer le fil qui unissait ma mère à son passé le plus précieux. Toute sa vie, elle avait cherché à connaître son histoire. J'étais parvenu à la démêler, mais ce n'était pas un hasard. Ma mère en était le guide. C'était elle qui avait déroulé devant moi toutes ces pistes.

Suzanne avait été enfermée pour des troubles de la personnalité. Possédait-elle aussi ce *don*? Au cours d'un contact médiumnique, je fus soulagé d'apprendre que ma grand-mère et sa fille s'étaient retrouvées en comprenant leur chemin de vie.

C'est au bal que ma mère rencontra mon père. Elle avait vingt et un ans et le désir de bâtir une famille; prendre sa revanche et offrir ce qu'elle n'avait pu recevoir. Il lui fallait des enfants, et des enfants choyés. Elle était bien décidée à ne pas reproduire les schémas de son histoire personnelle. Elle offrirait à ses deux petits tout l'amour dont elle avait été privée, quitte à s'oublier totalement.

À la maison, l'atmosphère était tendue chaque fois que le père rentrait de ses campagnes en mer. Souvent, il était ivre. Pendant leurs premières années de mariage, les disputes étaient fréquentes, sous mes yeux. Lorsque ma mère n'en était pas la victime, c'était vers moi que mon père se tournait. Je me demandais s'il m'aimait vraiment. Certains soirs, parce que j'avais peur, je pleurais et allais chercher auprès de ma mère quelques paroles de réconfort. Mon père, furieux, accusait sa femme de se préoccuper du « fils » sans aucune raison. Il ne me supportait pas.

Une nuit de tempête, je devais avoir sept ans, il nous jeta à la porte tous les deux. Le vent soufflait des rafales de pluie cinglante. Nous étions terrorisés et grelottants. Ma mère enleva son gilet pour me couvrir. La silhouette furieuse de mon père allait et venait derrière la fenêtre. Il n'était pas question que l'on repasse l'entrée. Il veillait à ce que l'on reste dehors au risque de mourir gelés. Ma mère me serrait contre elle en pleurant. Elle tremblait et c'était bien autant de peur que de froid. Elle s'écarta pour essuyer ses larmes et proféra ces paroles angoissées : « Mon Dieu, qu'allons-nous devenir ? »

La grand-mère Soize attendait dans un coin que mon père aille se coucher pour nous ouvrir la porte. Que de peurs et de pleurs pour un enfant de mon âge ! Ainsi était mon père quand il avait abusé de l'alcool.

En ai-je conservé de ces mauvais souvenirs, où la terreur est tranchante comme une lame qui menace de tomber ! Que de rancune contenue ! Je garde tout cela au fond de mon cœur et il suffit parfois d'une image pour que remonte, de ces tristes années, l'émotion qui serre la gorge. Il suffit que je revoie cette table autour de laquelle nous étions assis, figés par la frayeur que mon père s'emporte. Cette tension avait une épaisseur qu'un instrument particulier aurait pu mesurer, de la même façon qu'il était possible d'évaluer la légèreté de l'air lorsque mon père s'en allait rejoindre ses chaluts. Alors nous étions heureux. La vie pouvait reprendre son cours tranquille.

De ces terribles querelles m'est revenu un souvenir lointain. J'étais alors un tout petit bébé pleurant dans son berceau au milieu de la nuit. J'avais faim et ma mère se levait pour me réconforter. La voix de mon père grondait. Des mots se détachaient, qui ordonnaient de mettre un point final à mes pleurs. « Fais taire ton fils ! », criait-il. J'ai revécu cette scène au cours d'un travail de régression. Elle est pour moi le signe que mon père ne me supportait pas, et cela depuis ma naissance.

Au cours de ces disputes interminables, nous entendions souvent parler de séparation, de divorce, ces mots affreux. Ma mère avait un caractère exceptionnel et la capacité de toujours savoir éteindre le volcan. Elle pardonnait les excès de son mari. Elle parvenait à chasser de nos têtes la perspective d'un désastre. Elle refusait de voir sa famille disloquée. Elle ne voulait pas de ce manque qu'elle avait vécu et qui résulte de l'irresponsabilité des parents vis-à-vis de leurs enfants. Coûte que coûte, il fallait souder, réparer. Ce qu'elle fit afin de nous épargner, ma sœur et moi, la souffrance du déchirement. Ma mère pensait aux autres avant de prendre soin d'elle-même.

Elle aimait s'occuper de personnes âgées qui vivaient dans notre village, faisant preuve à leur égard d'une rare compassion. Tôt le matin, elle prenait son vélo pour rendre visite à ses « petits vieux », ainsi qu'elle les appelait tendrement. Elle apportait son aide de bien des façons. En faisant leurs courses, en assurant la propreté de leur maison. Et tous guettaient son arrivée, comme on attend le sourire qui allège la peine, comme on espère la main qui vous permettra de marcher. Jusqu'à sa mort, ma mère fut une femme attentive, une femme de cœur, dévouée aux faibles.

Mon père

Robert est né à Penmarc'h, au sud-ouest du pays bigouden, le 17 février 1939. Il est le benjamin d'une fratrie de onze enfants. Il a trois ans lorsque son père décède de la tuberculose. Cette période est marquée par le système de rationnement mis en place par décret dès le mois de mars 1940. Les restrictions portent sur la viande, le pain, mais aussi les vêtements. Pour les plus démunis se pose la question de survivre. Dans ces conditions difficiles, ma grand-mère Marie ne peut assumer seule la charge de ses enfants. Elle se sépare de cinq d'entre eux qu'elle place dans différents orphelinats. Mon père, qui n'a alors que huit ans, est recueilli dans un établissement situé à Quimper. À douze ans, on le fait entrer dans une école de Pont-Croix où il reçoit un enseignement catholique. Il a seize ans lorsqu'il embarque à bord d'un sardinier au port de Saint-Guénolé. Puis il rejoint la Marine nationale et fait le tour du monde. Ayant intégré la Marchande, il navigue du Havre vers l'Afrique, sur des navires de charge où il apprend la mécanique. C'est dans cette spécialité qu'il commence, à l'âge de vingt-deux ans, une carrière au service des plus grands chalutiers que compte le Finistère.

C'est ainsi que j'ai connu mon père, le plus souvent en partance pour des campagnes de quinze jours. Lorsqu'il revenait, il était sans joie, colérique, et ne veillait sur moi qu'à travers le prisme limité d'une autorité qu'il exprimait sans la moindre tendresse.

Son rôle dans mon éducation se résumait à se tenir informé de mes performances scolaires en les comparant toujours à celles du fils de nos voisins. Selon lui, je n'étais bon à rien et dépourvu d'avenir. Il m'enfermait dans ma chambre, souhaitant que je m'améliore, si cela était possible, me donnait pour seule mission de réviser sans cesse mes tables de multiplication. Il avait une tendance malsaine à vouloir me rabaisser. Puisque je ne voulais faire aucun progrès, alors ma voie était tracée : je deviendrais marin-pêcheur.

À ses yeux, mon avis ne valait rien. Savoir ce que je voulais faire de ma vie ne l'intéressait pas. Jamais il ne chercha à deviner ce qui me plairait, ni même à comprendre qui j'étais. Il ne s'adressait à moi que pour me rabrouer. Il ne fit donc aucun effort pour me connaître, estimant, à la façon d'un patron de pêche, qu'il était le seul maître à bord.

Aucune affinité n'existait entre nous et je ne vois pas un seul domaine où l'on aurait pu dire que nous avions une toute petite complicité. Il se tenait à distance de moi et cette distance se réduisait aux seuls moments où je devais entendre que je n'arriverais à rien, que je ne faisais rien de bon. Ma mère avait beau déployer son savoir-faire pour le rapprocher de moi, ses affectueuses attentions restaient vaines. D'où ce redoublement d'amour qu'elle me portait et le besoin que j'avais d'être toujours près d'elle.

Mon père affichait une réelle préférence pour ma sœur, Françoise. Cela, je l'ai perçu très tôt. Cette intuition me fit comprendre que nos rapports ne connaîtraient jamais le beau fixe. Oserais-je dire qu'il me tolérait ?

Froid, maladroit, sans une once de délicatesse, mon père accumule tant de points négatifs qu'il m'est difficile de lui trouver des excuses. Sauf à considérer bien sûr son histoire personnelle, cette enfance meurtrie qui fit de lui un adulte avant l'heure. Trop tôt livré à lui-même, il fut, tout comme ma mère, placé en orphelinat et, tout comme elle, privé de l'essentiel. Sans doute n'avait-il reçu que bien peu d'affection pour ne pouvoir m'en donner aucune. Ainsi sont les choses de la vie. Ma mère fut abandonnée et décida de ne faire supporter à personne l'horreur de sa condition. Mon père, qui subit à peu près le même sort, se révéla, au contraire, incapable de transformer le manque en don de soi. Lui faisaient défaut certainement une Soize et un Alour, deux êtres capables de se substituer à ses parents, en véritable mère et père. Il fallait donc qu'il se débrouille. Son grand mérite fut de n'avoir jamais faibli en besogne. Pour nourrir sa famille, il exerça sans rechigner l'un des métiers les plus dangereux au monde.

ADOLESCENCE

Mon enfance se terminait. Mes meilleurs souvenirs de cette période restent jusqu'à maintenant encore les moments passés auprès de ma mère, de ma sœur et de ma grand-mère Soize. Ce sont de beaux instants, où je fus malgré tout instruit par l'amour véritable.

Je devais avoir onze ans quand mes parents ont pris la décision de m'éloigner de la maison et de me changer d'école. Je traversais une période difficile, celle où l'on quitte l'enfance, où la personnalité se dégage et s'affirme, mais où l'on a encore besoin d'accompagnement et de protection pour aborder l'adolescence.

C'est à cet âge que j'ai vraiment éprouvé et identifié progressivement un certain malaise. Je souffrais de n'avoir pas la chance de posséder un ami avec qui parler. Je me sentais différent. Chaque fois que je tentais de lier une amitié, ma différence compliquait tout. Ce sentiment, je l'avais déjà éprouvé mais il s'amplifiait en moi et je commençais à bien le connaître. Je prenais l'habitude d'être rejeté et alors, insidieusement, germait en moi un dogme. Je pensais n'avoir jamais été aimé. Mon hypersensibilité me faisait souffrir. Je n'étais pas en harmonie avec moi-même. Par voie de conséquence, mes performances scolaires restaient médiocres. Je n'étais pas non plus à l'aise dans ma famille, particulièrement quand mon père, de retour de marée, enfourchait ses chimères et prétendait faire de moi le fils modèle – décalqué sur son propre patron – que je ne voulais pas être et que je ne serai jamais.

Puis nous avons quitté la vieille demeure pleine de souvenirs gais et maussades et déménagé dans une autre maison. C'était une maison neuve possédant un jardin, construite sur un terrain appartenant à mes grands-parents qui y cultivaient leurs légumes. La naissance de ma sœur, en 1965, décida de ce choix. Nous étions à l'étroit. Il fallait voir plus grand. Chaque enfant disposerait d'une chambre. Le confort serait assuré. Et puis nous restions à Loctudy, non loin de Soize qui nous rejoignait à vélo chaque soir. Je guettais impatiemment son arrivée. Il était hors de question qu'elle reste seule chez elle la nuit. Nous aimions tant notre grand-mère.

Oui, je l'aimais profondément. J'aimais la taquiner aussi et je ressentais le besoin de lui rendre visite plusieurs fois par jour. Je me souviens de nos baisers. Elle était toujours un peu gênée quand je l'embrassais tendrement. Comme la plupart des Bretons de cette génération, elle n'était pas démonstrative.

En vérité, on se taquinait l'un l'autre. Souvent, je débarquais chez elle à l'improviste. Comme elle savait que j'adorais les crêpes, elle m'en servait sans compter. J'étais gourmand. Je pouvais en manger une douzaine. Une fois, elle me fit comprendre qu'elle n'en achèterait plus. Je m'approchai d'elle et, d'une petite voix espiègle, lui dis : « Tu es bien sûre, mémé, que tu n'en as plus ? » Elle me regarda d'un air franc et repoussa ma malice d'un : « Non, laisse-moi donc tranquille ! » Je savais qu'elle mentait. Je connaissais l'endroit dans le buffet où elle cachait ma friandise. Et c'est ainsi qu'un jour, recevant des invités à qui elle désirait offrir des crêpes, Soize trouva le placard vide. Son petit-fils était passé par là !

Ma grand-mère est un trésor. Dans les premières années de mon existence, alors que nous habitons sous son toit et que mes parents se disputent, c'est vers elle que je me réfugie en attendant que passe l'orage. Sa présence est un baume. Elle me rassure quand j'ai peur. Ce lien est indéfectible. C'est à elle que je me confie quand rien ne va. Elle est celle qui écoute sans juger. Elle est la personne avec qui je peux parler.

Je devais avoir douze ans quand je fus envoyé en colonie de vacances. J'ai détesté ce séjour forcé en Haute-Savoie. Pour mes parents, il s'agissait d'une cure d'épanouissement. Ils pensaient que, de cette façon, je m'ouvrirais aux autres, que j'apprendrais à me socialiser. Cette expérience fut un échec. Au fil des jours, le malaise s'aggravait. Le paysage dans lequel j'avais grandi étant la mer à perte de vue, j'éprouvais au milieu des montagnes une pénible sensation d'étouffement. Le grand air des cimes devenait pour moi irrespirable.

Je revivais intensément la terreur du rejet telle qu'elle m'avait atteint dans la cour de récréation, là-bas, dans le Finistère. Ici, dans le piège des parois rocheuses, je ressentais encore plus fort les vibrations négatives des enfants qui se battaient et se bousculaient autour d'un ballon. J'abominais ces jeux et la violence qui en résultait. Cette colonie de vacances ne faisait qu'amplifier chez moi un sentiment de différence. Le besoin de m'isoler, malgré les bonnes intentions de mes parents, n'avait certainement pas varié. De plus, cette fois, j'étais loin d'eux, loin de ma mère, loin de ma grand-mère, plus seul que jamais.

C'était la première fois que je quittais ma famille. Les marches dans la montagne finirent par me rendre insupportables ces vacances obligatoires. Heureusement, je reçus une lettre adorable de ma petite grand-mère qui soulagea ma peine. Elle me parlait de la vie à Loctudy et cela me ramenait vers elle. Elle racontait aussi ses ennuis de santé, les difficultés qu'elle avait avec ses yeux qui ne voyaient plus bien clair. Surtout, elle m'encourageait à faire mes prières, car, là où je me trouvais, il lui semblait que Lourdes était tout proche. En m'adressant à Dieu, elle était sûre que la Sainte Vierge n'allait pas m'oublier. Les mots de ma grand-mère venaient à mon secours. Elle m'embrassait bien fort et ses baisers à la fin de sa lettre avaient pour moi la puissance d'une véritable étreinte.

Le départ de ma grand-mère

J'avais une quinzaine d'années quand ma grand-mère est tombée malade. Un œdème pulmonaire s'étant déclaré, elle, si alerte d'habitude, dut garder le lit. Je voyais sa fatigue empirer et malgré tout, comme pour me protéger encore, elle me disait que tout allait bien. Il m'était difficile de le croire. Devant mon désarroi, ma mère répétait à son tour que ce n'était pas grave. Elle guérirait. Il ne fallait pas m'inquiéter.

Les jours passaient et je constatais que les paroles les plus douces ne pouvaient rien contre la réalité. Chaque fois que je montais dans sa chambre, je ressentais une terrible angoisse.

Un soir que j'étais à son chevet, elle me regarda longuement puis me fit cette leçon : « Qu'as-tu, mon petit-fils ? Tu as peur que ta grand-mère s'en aille ? Il le faudra bien, pourtant. Quand le Seigneur voudra de moi, j'irai rejoindre ton grand-père. »

Ces paroles devaient me marquer à jamais.

Je savais qu'elle allait mourir. Un matin, elle est montée dans une voiture qui l'emmenait à l'hôpital et m'a dit au revoir. À cet instant, rien ne laissait apparaître que sa santé réclamait une intervention médicale d'urgence, mais je compris que c'était la dernière fois que je la voyais.

Au début de la nuit, la sonnerie du téléphone a retenti. Je me suis réveillé; je savais que c'était la fin. Ma mère a quitté précipitamment la maison. Alors que mon chagrin aurait dû être à son comble, je fus envahi d'une impression étrange, un mélange de tristesse et de joie. Dans mon cœur, ma grand-mère avait fini de souffrir. Elle avait retrouvé Alour, qui était venu la chercher. Sur le moment, j'ai pensé que ma réaction était anormale et je me suis senti coupable. J'ai alors éprouvé une véritable souffrance, et aussitôt après, une appréhension de voir son corps. J'ai repensé aux particules blanches que j'apercevais quand j'étais petit. Peut-être était-elle devenue ce tourbillon d'énergie? Je lui ai rendu une dernière visite. Je la vois encore étendue sur son lit dans la vieille maison.

De nombreuses personnes étaient présentes autour de sa dépouille. C'est la coutume, chez nous, de visiter les morts, de rendre un dernier hommage sur les lieux où ils ont vécu. Elle était très aimée. En l'observant, je me suis dit que ce n'était pas possible, qu'elle allait revenir, me parler… Son corps était si froid quand je l'ai embrassée. Le prêtre est venu réciter les prières. Malgré la certitude qu'elle continuait son chemin dans un autre monde, je ne pouvais m'empêcher d'être terriblement malheureux. J'aimais tellement ma petite grand-mère!

Première rencontre

À la nuit tombée, les visiteurs s'en sont allés. Nous sommes restés seuls, ma sœur et moi, resserrés autour de ma mère. Nous avons refermé la porte de sa maison, la vieille demeure à coins de briques auprès de laquelle s'étendait le jardin de mes souvenirs d'enfance. Le lendemain était le jour de l'enterrement. Tout mon être convergeait vers cette dernière journée, ces derniers instants où j'allais devoir lui faire mes adieux.

J'étais éperdu de tristesse. Je me vois marcher lentement, traînant le pas pour rejoindre notre maison dans cette rue de Loctudy devenue terne. J'avais très froid, de plus en plus froid. Je pensais très fort à ma grand-mère, quand j'ai soudain senti un courant d'air glacial qui me traversait le corps, puis aussitôt la pression d'une main posée sur mon épaule. Au même instant, j'entendis une voix: « Ne sois pas triste, je suis là à côté de toi. »

Je fus pris de frayeur, je criai et me mis à courir. Ma mère et ma sœur me regardèrent sans rien comprendre. Que pouvais-je dire? Je ne pouvais m'expliquer cette voix venue de je ne sais où. C'était assurément mon premier contact avec l'au-delà. C'était l'esprit de ma grand-mère qui me touchait l'épaule. Les paroles étaient bien les siennes. D'abord, j'ai pensé que j'étais fou, que mon imagination divaguait. Puis j'ai repensé aux formes blanches. Ce n'est que quand le cercueil est entré dans la terre que je me suis mis à pleurer.

J'étais là, devant la tombe, étranger à la foule qui m'entourait, et il y eut une énergie, qui monta dans mes jambes, comme une force qui s'accrochait à moi. J'étais désemparé, transpercé de questions qui ne trouvaient aucune réponse. C'est alors que je me suis souvenu du jour où, l'année de mes six ans, j'accompagnai maman au cimetière de Loctudy pour y fleurir la tombe d'Alour et de mes arrière-grands-parents. J'avais ressenti cette même énergie en faisant une prière. Elle était entrée avec force dans mes petites jambes, si bien que j'avais demandé à ma mère :

— Dis, maman, c'est comment le paradis ?

Elle avait répondu :

— Tu es trop petit, mon fils, pour penser à la mort.

Ma vie allait changer, je ne l'ignorais pas. Je n'allais plus pouvoir me confier à ma chère grand-mère. Elle nous avait quittés. Malgré cette évidence, j'avais l'intuition que j'allais la revoir et parler encore avec elle. Mais je rejetais brutalement cette idée, pensant que c'était une folie.

Après son départ, la vie a beaucoup changé. Les heurts avec mon père n'ont fait que s'aggraver. Le fossé s'accentuait. J'avais seize ans et je souhaitais quitter la maison le plus vite possible. L'atmosphère des repas était insupportable. L'école ne m'intéressait guère. Orienté vers un diplôme professionnel, je me suis débrouillé pour terminer rapidement mes études. Mon père disait qu'il ne continuerait pas à payer l'école à un fainéant. J'avais des capacités, mais l'envie de partir était bien trop forte. Cédant à ses pressions, je m'essayais à décrocher un brevet professionnel d'agent administratif.

J'avais dix-sept ans lors de ma première fugue. Je me sentais si seul face à ce mur d'incompréhension. Il me fallait de l'air. Je décidai de prendre la fuite dans la direction de Quimper, où une amie de ma mère connaissait un patron de bar susceptible de m'embaucher. Il m'accepta et m'octroya une chambre de bonne qui devint mon refuge. Cet homme rugueux me menant la vie dure, je ne fus pas long à démissionner.

Certes, je ne mangeais pas tous les jours à ma faim. Mais, au moins, je n'avais plus le poids de mon père et de ses reproches sur mon dos. Ma mère s'inquiétait. Je ne voulais pas qu'elle se fasse du souci et l'appelais régulièrement au téléphone, mais toujours brièvement et toujours quand mon père s'absentait. Il aurait été fâché d'avoir de mes nouvelles. Je n'existais plus pour lui. Ma mère se trouvait dans une position délicate, partagée entre son fils et son mari. Rapidement, elle me fit comprendre que je devais rentrer à la maison. Cette fugue n'avait que trop duré.

C'est peu de temps après que j'ai dû remplir mes obligations militaires. J'ai difficilement supporté l'atmosphère de la caserne. Le sentiment de ma différence n'y était qu'aggravé. Je détestais le sport, la violence, les discussions futiles des conscrits. J'ai trouvé secours dans la lecture des ouvrages de Freud et j'ai commencé à étudier le comportement humain. Il me fallait élucider tant de questions. Je désirais comprendre les sources de mon mal-être, savoir pourquoi mon père me rejetait, décoder ses haines, toute cette violence à mon égard. Et puis il y avait autre chose. Ma préférence homosexuelle, je ne pouvais pas la dire. Elle demeurait cachée, cadenassée, et c'était une cause de souffrance que peut-être les écrits de Freud parviendraient à atténuer. Cette vérité, je devinais qu'elle finirait par éclater au grand jour ; alors, je serais mis au ban de ma famille. Une telle éventualité m'était insupportable.

Les douze mois de service militaire ont passé tant bien que mal et j'ai tâché de mettre à profit cette période d'isolement pour réfléchir sur moi-même. Je lisais. J'écrivais beaucoup. Je fis en sorte de mieux me connaître dans un travail d'introspection constant. En attendant toujours, et avec impatience, le jour où la caserne ouvrirait ses portes sur ma liberté.

Cet événement finit par arriver. Mais, faute d'y avoir sérieusement pensé, j'étais perdu et ne savais où aller. Je n'avais pas le choix, il me fallait retourner vivre chez les parents. Sans la moindre perspective d'emploi, deux situations s'imposaient : le chômage et l'inaction. Mon père ne comprenait évidemment pas ce manque d'ambition et surtout, il ne l'acceptait pas. J'étais l'objet de tous ses sarcasmes. J'éprouvais le même sentiment d'incompréhension et de solitude. De plus, cela coïncidait avec une période où je découvrais à la fois l'amour et ma première déception sentimentale. J'en fus si malheureux que je me barricadai dans ma chambre, sans manger ni boire pendant deux jours.

Les relations avec mon père avaient atteint un point de rupture. Ayant su que je côtoyais un garçon dont les manières lui semblaient douteuses, il se mit à m'insulter en me menaçant d'une raclée. Son regard était injecté de dégoût et de haine. Je crois que, s'il avait possédé un fusil, il s'en serait servi. J'en avais assez de cette vie. C'est alors que j'ai pris la décision de partir, de tout quitter. Je suis allé rejoindre une amie à Paris.

Ma vie parisienne

La gare Montparnasse, ce jour-là, aurait pu être rebaptisée gare de la Liberté. Car j'étais libre, enfin ! J'avais dix-neuf ans. J'avais rompu les amarres, quitté la famille, et rien ni personne ne pouvait m'imposer une direction à suivre. Je logeais chez cette amie rencontrée en Bretagne et qui possédait un appartement dans le XVe arrondissement, près de la station de métro La Motte-Picquet-Grenelle. L'air de Paris m'exaltait mais ne me nourrissait pas. Je cherchais du travail. Mes recherches ne donnant aucun résultat, mon amie m'invita fermement à trouver un autre abri. Cette jeune femme espérait davantage. Ce fut une période difficile car je n'avais pas d'argent et pas le moindre contact pour me dépanner.

C'est alors que je fis la connaissance d'un garçon qui me proposa un studio, rue de la Ferronnerie, dans le quartier des Halles. C'était plus que secourable mais le lieu en question était dépourvu du moindre confort. C'était un local vide, sans meubles, sans chauffage et sans carreaux aux fenêtres. Juste une tanière pour hiberner.

J'acceptais ces conditions spartiates avec reconnaissance. Tout de même, j'avais un toit au-dessus de la tête. C'était mieux qu'une arche de pont!

Quand je me les remémore, ce sont des pensées douloureuses. Le ciel me menait la vie dure! Je dormais à même le sol sous une maigre couverture. Je me rasais le matin, à l'eau froide, devant un morceau de verre cassé. Je n'avais guère d'argent et ne mangeais pas à ma faim. J'avais tellement été choyé par ma mère que j'avais beaucoup de mal à supporter cet inconfort. Je payais ma liberté *cash*, et au prix fort, mais c'était mon choix. J'assumais en serrant les dents. J'errais dans Paris comme une âme en peine, cherchant du travail n'importe où, franchissant le seuil de boutiques en proposant de devenir vendeur. La nuit, je grelottais sous ma couverture.

Je finis par trouver un emploi. Le patron m'exploitait honteusement, mais enfin je mangeais. Heureux les touristes qui ne voient de Paris que ses monuments magnifiques, son flot de piétons ravis, sa vie nocturne! Pour moi, c'était une galère où je faisais seul le dur apprentissage de la vie. La contrepartie de ma liberté, en somme!

Puis il y eut un jour où je trouvai enfin un poste stable de vendeur dans un magasin de prêt-à-porter, rue Tronchet. Ma vie matérielle s'améliora. Je pus quitter mon repaire insalubre et emménager dans un petit studio, rue de la Tour-d'Auvergne. J'avais un lit : le luxe! Surtout, je commençais à manger à ma faim. Je n'étais pas heureux pour autant. Ma vie quotidienne était morne, les jours se succédaient sans apporter le moindre changement sur le plan affectif. Il me manquait l'essentiel : l'amour, bien sûr ! Je me posais sans cesse cette question qui agite une grande partie de l'humanité : « Que suis-je donc venu faire sur cette terre ? »

J'avais vingt ans. La vie demeurait difficile et ma situation se trouva aggravée. Je perdis mon emploi et connus le chômage en même temps que de nouvelles contrariétés financières. Il n'était pas question de revenir en Bretagne, ce qui aurait été la preuve de mon échec. J'étais seul, sans amis, et avec des ressources amoindries. Mon avenir dans la capitale devenait incertain. À ma mère qui s'inquiétait, je donnais des nouvelles par téléphone en prenant soin de l'appeler quand mon père n'était pas à la maison. Je lui cachais la vérité, lui faisant croire que tout allait formidablement bien. Était-elle dupe ? Pas vraiment – une mère sent ces choses, n'est-ce pas ? Peut-être craignait-elle d'aggraver ma détresse en m'accablant de griefs ou de conseils. Je lui demandai un peu d'argent pour m'aider à boucler les frais d'agence. Elle dit qu'elle en parlerait à mon père qui finit étonnamment par accepter.

Un soir, je décidai de sortir en boîte de nuit. La musique m'aidait à m'évader. Elle me faisait oublier la morosité du quotidien. Après un verre ou deux, je me laissais aller à danser, cela me fit du bien. Une douce euphorie m'envahissait et j'étais presque heureux. Bien sûr, cette sortie allait m'obliger à réviser mes dépenses dans les jours à venir. Au diable l'avarice et les avaricieux ! J'avais besoin de me remonter le moral, les soirées en tête à tête avec moi-même n'étaient pas faites pour aiguiser mon optimisme.

Ce soir-là, je fis la rencontre d'un jeune homme de Bordeaux. Ce fut le coup de foudre réciproque. Il était de passage à Paris pour ses affaires et pensait y rester quelques jours. La passion était si forte que nous ne pouvions plus nous quitter. L'avenir m'ouvrait ses bras. Richard semblait bénéficier d'une certaine aisance financière mais sa délicatesse l'empêchait de me le faire sentir. Restaurants chic, boîtes de nuit, rien n'était assez beau. J'étais sur un nuage.

La fête fut de courte durée : Richard devait quitter Paris. Cette situation à laquelle je n'étais pas préparé me rendit son absence invivable. Il me manquait. Chaque minute loin de lui me voyait un peu plus hébété. Mon existence était paralysée. Quinze jours après son départ, je décidais de le rejoindre à Bordeaux.

J'en avais informé ma mère, qui me fit savoir que je n'étais pas raisonnable d'abandonner Paris pour un avenir flou. Elle se faisait du souci pour moi, craignant les conséquences d'une possible déception. Mon père, lui, voyait les choses tout à fait autrement. Il ne voulait plus qu'on lui parle de moi. Me tenant pour un instable pathologique, il exigeait de ma mère qu'elle rompe toute relation avec moi. Il me reniait et interdisait à mes proches de me côtoyer. Voilà que je n'étais plus le fils ni le frère de personne ! Il n'acceptait pas ma façon de vivre. Pis : il me rejetait en bloc.

Il lui était impossible d'admettre l'amour entre deux personnes de même sexe. Ce que j'étais lui faisait horreur. Pas de ça chez les marins-pêcheurs ! À ses yeux, j'étais un déviant, ce type de malade que seul un psychologue pouvait peut-être sauver. La distance qui nous séparait semblait infranchissable. Il avait beau tenter de jouer les tyrans domestiques, ma mère et ma sœur restaient unies à mes côtés. Elles tenaient bon. Vaille que vaille, nous gardions le contact.

Ce mur d'incompréhension derrière lequel se figeait mon père, campé dans d'absurdes préjugés, me jetait dans une peine infinie. Je rêvais, mais c'était sans espoir, qu'il consente à ma totalité, qu'il m'accepte tel que j'étais et non selon les canons d'une morale qui tournait le dos à l'amour. Je rêvais d'un père idéal, attentif, doué de douceur et de compréhension. Son manque d'affection me détruisait littéralement. Néanmoins, j'étais parvenu à m'éloigner et à vivre des expériences formatrices. En un mot, j'avais grandi. Ma liberté était acquise et plus jamais il ne pourrait contrôler ma vie.

À Bordeaux

Je savais que je tournais une nouvelle page. Intuitivement, il me semblait que cette période serait cruciale, qu'elle marquerait durablement mon existence.

Bordeaux était une ville agréable. Mais allais-je réussir à y trouver ma place ? Y serais-je plus heureux qu'à Paris ? Nous vivions dans un appartement confortable et la vie, redevenue douce, me donnait à nouveau l'impression d'être sur un nuage. Je fis la connaissance de la sœur et de la mère de Richard. En apparence, l'amour ne passait guère entre eux mais ce qu'ils avaient en commun était inébranlable : une situation financière solide. Richard tenait un salon de coiffure très fréquenté qui lui assurait un bien-être certain.

— Que faites-vous dans la vie ? me demanda sa mère, le jour de notre première rencontre.

— Rien pour l'instant, je suis sans travail.

— Mais vous n'allez quand même pas vivre d'amour et d'eau fraîche !

Il était urgent que je trouve un emploi.

Je vivais ma relation avec Richard en toute sincérité. Nos échanges étaient vrais, spontanés. Nous ne laissions aucune place à l'ambiguïté d'un non-dit, à l'ombre d'une mauvaise foi. D'un commun accord, nous avions choisi de vivre ensemble. J'avais déménagé mes quelques affaires lors d'un aller-retour à Paris. J'avais rendu les clés de mon studio.

Le temps passait. Je cherchais un travail, sans en trouver aucun, et cette situation finissait par devenir pesante. Le peu d'argent dont je disposais provenait de l'assurance chômage. Richard me demandait de payer la moitié des charges. Malgré les sentiments qu'il avait pour moi, je souffrais de m'apercevoir que l'argent constituait un obstacle entre nous.

Je pus enfin décrocher un emploi de trois mois dans un magasin de prêt-à-porter. Une embauche bientôt ternie par les méthodes d'un patron qui rudoyait ses employés. L'atmosphère était lourde et malsaine mais le salaire convenable.

Un jour que j'étais affairé à la boutique, je fus envahi par une étrange angoisse. C'était après que mon esprit se fut envolé vers Richard, dans une forme de pensée douce, affectueuse, mais alors mon estomac se noua et je crus que le sol se dérobait sous moi. Sans parvenir à me l'expliquer, je *savais* à cet instant que mon ami était en train de me tromper. Je le voyais en compagnie d'un autre homme. N'était-ce pas une fausse impression ? Je chassais aussitôt ces pensées négatives en me souvenant que mon père m'avait tant rabaissé que je ne pouvais avoir confiance en moi. J'étais en proie au doute que l'on m'avait forgé. Ces idées négatives résultaient de la haine de mon père. L'état de confusion dans lequel je me trouvais n'avait probablement aucun rapport avec la réalité. Ce fut ainsi que je repoussais cette noire sensation.

Une autre fois, j'eus la maladresse de casser quelques verres d'un service ayant appartenu à la grand-mère de mon ami. Une catastrophe suivie d'une scène mémorable. Richard voulait que je le rembourse. Ce malheureux incident me valut plusieurs jours d'un pesant silence. Je subissais sa mauvaise humeur sans comprendre qu'on puisse accorder une pareille importance à un simple dégât matériel.

Je continuais à apprendre, à faire l'expérience de la vie à deux, surtout de l'amour, avec cette alternance de périodes joyeuses et maussades. Entre nous, la passion était toujours vive mais la famille commençait à me manquer. Auprès de ma mère et de ma sœur, je trouverais un peu de compassion. Il fallait que je me confie. Je décidai de leur rendre visite.

À Loctudy, un soir que je pensais à mon ami, je fus traversé par un sentiment d'insécurité. Une angoisse sourde et comme familière me rappelait le souvenir des dures paroles prononcées par mon père dans mon adolescence lorsqu'il me menaçait de me jeter dehors. Ne craignais-je pas que Richard me demande de partir ? Dans les moments difficiles que nous rencontrions parfois, il me faisait comprendre cette éventualité. Mon estomac se nouait en le voyant dans mes pensées. D'autres images se précisaient, celles d'étreintes avec un autre homme. Richard me trompait, j'en avais la certitude et pourtant, encore, je voulais refuser l'évidence. C'était ma sensibilité, ou plutôt mon hypersensibilité, qui gouvernait cette propension à voir le négatif, à diffuser en moi des idées sombres.

Durant ce séjour où je retrouvais ma mère et ma sœur, je reçus assez d'amour pour être de nouveau sur pied, prêt à affronter mon retour à Bordeaux, nettoyé des mauvaises pensées, confiant. La vie me souriait à nouveau. La séparation avait fait du bien à notre couple, nous étions heureux. J'aimais Richard. Je lui pardonnais sa dureté. Les retrouvailles sont toujours passionnelles et propices aux réconciliations.

Hormis l'amour qui pointait au beau fixe, ma situation demeurait bancale. La galère continuait. Le chômage s'accrochait à moi. Au bout de quelques mois, je finis par trouver un nouvel emploi de vendeur dans un magasin de prêt-à-porter. Le travail me plaisait. J'aimais le contact avec la clientèle mais, à mon plus grand regret, la direction me congédia. Le même schéma se répétait avec l'échec en bout de route et je redoutais que la poisse, décidément liée à mon destin, ne m'accompagne jusqu'à la fin de mes jours.

Mon ami, de plus en plus absent, accordait la priorité à son affaire, qui tournait bien. Le week-end, il faisait ses comptes et aussi ceux du couple. Un bilan qui n'était guère en ma faveur. Mon moral déclinait. J'avais vingt-deux ans et il me semblait vivre dans la peau d'un vieil homme. Cette mauvaise image de moi-même, à quoi s'ajoutait mon incapacité à trouver un emploi stable, finit par abîmer notre relation. Richard montrait tour à tour le visage de la lassitude et de la colère. Souvent, il me menaçait de me mettre à la porte. L'éloignement de mes proches, la tristesse d'assister impuissant à la décomposition d'un amour, ma solitude enfin, tout cela se mêlant fit que j'entrais peu à peu dans le labyrinthe de la déprime.

Dans la galerie marchande où Richard tenait son salon de coiffure, je me rendis dans une pharmacie où travaillait une femme chaleureuse et sympathique. Elle s'appelait Michelle et allait devenir ma meilleure amie. Nous causions pendant des heures des choses de la vie. Ces conversations me faisaient du bien. Elle était ma seule confidente. C'était un être généreux possédant le sens de l'humour et un rire communicatif. Lors de nos échanges, j'avais véritablement l'impression de revivre.

Malgré sa présence attentive, je supportais difficilement la misère de ma solitude. Je végétais dans l'ombre de moi-même, sans projet, sans que l'avenir m'adresse un petit signe amical. Un soir que je suivais à la télévision une émission sur le cancer, je fus pris d'une sorte de malaise. À l'instant où était évoquée la leucémie, j'entendis clairement une voix me dire : « Ton ami mourra de cette maladie. »

Cette révélation me glaça. Je rejetai très vite ce que je croyais alors être le fruit de mon imagination. Mon père avait-il raison ? Puisque j'étais malade, je devais peut-être, comme il me l'avait souvent assené, prendre contact avec un psy.

Je n'avais toujours pas d'argent. Ma sœur et ma mère me manquaient horriblement et je sombrais progressivement dans une sorte de mélancolie. Je perdais l'appétit, maigrissais. Mon état de santé affichait des signes de détresse qui m'invitaient à réagir. Le seul réflexe susceptible de me sauver était de fuir Bordeaux et de retrouver ma famille sur-le-champ.

Ma mère fut si heureuse de me retrouver, mais aussi tellement attristée de me voir à ce point diminué, qu'elle se hâta de préparer mon plat préféré. Par chance, le *maître à bord* était en mer.

Grâce aux soins de ma mère, je remontais doucement la pente quand un soir, songeant à mon ami, je reçus un coup de poignard en plein cœur en même temps que j'entendis la voix qui m'avait, alors que je regardais la télévision, alertée de la future maladie de Richard. Cette voix intérieure, une intonation élevée, me disait ceci : « Ton ami est dans les bras d'un autre homme à cet instant. »

D'où venait cette voix si claire ? Qui avait pu l'émettre ? Comment pouvait-elle ainsi violer mon intimité ? Je l'avais entendue cependant résonner dans ma tête. Étais-je fou ? Que devais-je faire ? Le lendemain, j'étais à la gare Saint-Jean, seul sur le quai. Richard n'avait pas jugé utile de venir me chercher.

La souffrance me rongeait le cœur. Je me précipitai à l'appartement, où Richard ne se trouvait pas. J'attendis fébrilement son retour. Lorsqu'il fut enfin là, je lui dis ce que je savais : il m'avait trompé. Je lui donnai l'heure exacte de sa trahison. Sans lui confier toutefois la façon dont la preuve m'avait été apportée, j'ajoutai que cette certitude s'était imposée à moi alors que j'étais en Bretagne, à six cents kilomètres de Bordeaux. J'étais sûr de mon fait. Il ne lui restait plus que l'honneur de sa sincérité.

Il finit par m'avouer que j'avais raison. En effet, il avait rencontré un garçon. Celui-ci souhaitait vivre avec lui. Richard me dit qu'il y réfléchissait car cette hypothèse lui plaisait. Tout de même, il était sidéré que je puisse ressentir une telle chose, avec autant de force et une telle précision. Autour de moi, le monde s'écroulait. J'étais pétrifié.

Cette trahison impardonnable atteignit le plus profond de mon être. Elle amplifia ma dépression et, ce jour-là, je bus pour noyer mon chagrin. La douleur était insupportable. Seul, me semblait-il, l'alcool parviendrait à l'atténuer. Qu'allais-je devenir ? Sans travail, sans argent, sans perspective de retour en Bretagne ? Mon père m'ayant définitivement interdit sa porte, comment pouvais-je sortir de cette impasse ?

Deuxième rencontre

La nuit tombait et j'étais seul. J'attendais Richard, qui ne m'avait adressé aucun signe de toute la journée. Les minutes s'écoulaient comme un oppressant goutte-à-goutte, tandis que mes pensées se faisaient plus sombres. Il ne viendrait pas et je l'aimais toujours. Il allait me quitter et je n'étais pas prêt. L'appartement se réduisait à la dimension d'une cage dans laquelle j'étouffais. D'abord, je me mis à boire, c'était pour moi un remède pour trouver de l'air. Puis, la souffrance ne cédant pas, j'ouvris la porte et me dirigeai au hasard dans la ville.

Désespéré, je marchais sans but. Le fil de ma vie se déroulait dans ma tête. Des images tristes. Celles d'un parcours qui ne va nulle part. Je n'avais connu depuis mon enfance qu'une suite d'échecs. Chaque lueur était une bougie que l'on souffle après l'avoir allumée. Pas une joie durable. Si une promesse se dessinait, celle d'un amour possible, le destin aussitôt se chargeait de la transformer en défaite. Je marchais et ma douleur était intolérable. Qu'avais-je fait ? Pourquoi étais-je si las ? À quoi bon continuer ainsi ? Toutes ces questions lancées sur moi comme des flèches mortelles demeuraient sans réponse. Je pensais à ma grand-mère qui me manquait terriblement et à Dieu, sans parvenir à trouver un soulagement, une issue de lumière. J'étais ivre et de plus en plus malheureux. Cette journée avait été si longue. Elle me parut interminable. Je voulais en finir.

Au bout de mon errance, j'aperçus un carrefour. J'étais, sans le savoir, au centre de Bordeaux. Je me postai au milieu du trafic : crissements de pneus, appels de phares… Ma vie ne valait rien et je devais mourir. J'entendais au fond de mon brouillard la stridence des klaxons, les clameurs des automobilistes qui, en baissant la vitre, lâchaient des paroles furieuses. Des larmes coulaient sur mes joues en même temps qu'une force infime me commandait de ne pas mourir, de ne pas lâcher. J'allais me jeter sous les roues d'une voiture quand soudain j'entendis une voix : « Je t'aime, mon petit-fils, le moment n'est pas venu pour toi de quitter ce monde. »

Cette injonction était puissante. À peine avait-elle été prononcée que je me trouvai sur un banc, assis au milieu d'un jardin planté d'arbres, à une cinquantaine de mètres du danger. J'étais sauf, enveloppé d'une énergie d'amour, épargné d'une mort inéluctable. Ma grand-mère, car c'était elle, venait de me sortir d'un mauvais pas.

Quatre révélations

Comme j'étais assis sur le banc, hébété encore, je me remémorai les paroles entendues : « Je t'aime, mon petit-fils, le moment n'est pas venu pour toi de quitter ce monde. » En méditant sur le formidable sursaut qu'elles avaient produit en moi, je me rappelais avoir parlé au milieu des voitures. Je me souvenais avoir répondu que je ne voulais plus vivre, qu'il était temps pour moi de rejoindre ma grand-mère.

Quelques secondes passèrent, puis je l'entendis de nouveau me dire : « Tu dois réagir car ce n'est pas ton heure. Je vais t'aider à comprendre ce qui va se passer dans ta vie, écoute bien. Tu vas rentrer en Bretagne, tu seras surpris de voir que ton père acceptera de t'héberger. Tu trouveras très vite du travail et, un jour, tu ouvriras ton propre magasin. Mais tu finiras par comprendre qu'une mission bien plus importante t'attend. Avant cela, il te faudra être fort, courageux, car tu vas encore souffrir, tu as un chemin difficile, Dieu sait pourquoi... »

Au cours de cet oracle totalement irréel, je lui livrai mon opinion. Je ne croyais pas en effet que mon père accepterait de me revoir, qu'il consentirait à m'accueillir de nouveau, à m'héberger ainsi que ma grand-mère venait de l'affirmer. Elle se tut et je fis le point. En détaillant chacun de ses propos, je comptai quatre révélations. Elles esquissaient un avenir favorable, résolument contraire aux idées que je m'étais faites lorsque, quelques minutes plus tôt, j'avais choisi la mort. Et pourtant, quelque chose résistait. Je ne souhaitais pas véritablement ce chemin. J'espérais toujours retrouver mon couple, m'épanouir auprès de Richard, que je ne cessais d'aimer. Ces quatre révélations allaient à l'encontre de la réalité. Ma mère en était peinée mais elle me certifiait que mon père interdisait que je m'installe à la maison. Il m'avait bel et bien renié. Je ne pouvais donc envisager ce retour, sauf à croire en une perspective insensée. Que me racontait l'esprit de ma grand-mère ? J'allais retrouver du travail ! J'ouvrirais un magasin alors que je n'avais pas un centime en poche ! Un magasin en Bretagne ! Et pour finir, une mission m'attendait ! Quelle mission ? De quoi me parlait-elle ?

Sceptique, je me répétais chacune de ces phrases, et il fallait bien admettre que j'en éprouvais un certain réconfort. Mes idées noires effacées, je ne goûtais plus qu'à l'énergie qui me portait. Je n'étais pas seul sur ce banc. Une présence me tenait compagnie. Soize était là et sa voix insistait dans ma tête : « Rentre en Bretagne, tes problèmes s'envoleront. »

Les jours suivants, je ne cessai de réfléchir à ma nouvelle vie. L'horizon qui se dessinait me plongeait dans un abîme de questions qui se résumait à ceci : ma grand-mère avait-elle raison ? Devais-je quitter Bordeaux ?

Je me réfugiais souvent chez mon amie Michelle qui me recevait comme un frère. Elle traversait une période heureuse et avait emménagé dans une nouvelle maison. Un soir, nous étions dans sa cuisine à parler de choses et d'autres, quand soudain j'eus la vision de son mari dans les bras d'une autre femme. Il faisait avec elle des projets d'avenir. Il quitterait Michelle, cette perspective était une évidence. Cette scène se déroulait devant moi avec une netteté incroyable. J'étais blême. La pâleur de mon visage l'inquiéta et elle me demanda si j'allais bien. Je ne pouvais croire à ce que j'avais vu et me mis soudainement à pleurer. Une colère sourde m'envahit. N'avais-je pas assez de soucis ? Ce que je vivais durement, Michelle devait-elle le supporter à son tour ? C'en était trop ! J'étais exaspéré et ne retrouvai le calme qu'en me persuadant des méfaits de mon imagination. Peut-être même avais-je fait un transfert, en associant l'infidélité de Richard à celle du mari de Michelle. Ces deux histoires n'avaient aucune raison de se confondre. J'étais effrayé. Je craignais de tomber dans la folie.

Mon amie voulait connaître l'origine de mon malaise. La vision me revint. Je finis par craquer et par tout lui avouer. Je lui parlai également de la rencontre avec l'esprit de ma grand-mère. Elle tomba des nues mais, au bout d'un moment, déclara que son mari avait un comportement assez étrange depuis quelque temps. J'apprendrai, un peu plus tard, que mes visions étaient avérées.

S'ensuivit une phase de doute et d'irrésolution. Je ne savais si je trouverais la force de prendre une décision. J'étais de plus en plus mal. Je n'avais de goût à rien.

Je ne mangeais plus et perdais du poids. Michelle me poussa à consulter rapidement un médecin qui diagnostiqua une sévère anémie. Mon état de santé exigeait une hospitalisation. J'étais en danger, selon lui. Un traitement s'imposait, à coup d'injections médicamenteuses.

Michelle s'inquiétait pour moi et me répétait, en guise d'électrochoc : « Regarde-toi, tu es méconnaissable, que te faudra-t-il pour réagir enfin ? »

Durant ces heures noires, il m'arrivait de dire des choses et de me demander ensuite pourquoi je les avais dites. Quand j'apprenais que ce que j'avais vu s'était réalisé, je ne cherchais pas à comprendre, tout cela me dépassait et je le mettais sur le compte de la dépression.

Un jour, je déclarai à Richard qu'il achèterait un immeuble et ouvrirait un deuxième salon. J'ajoutai que sa prétendue meilleure amie, qu'il admirait tant, partirait avec la caisse. Il me regarda bizarrement, s'étonna des deux premières affirmations et prétendit que c'était parce que je n'aimais pas son amie que je racontais de tels bobards. J'appris plus tard que les trois prédictions s'étaient réalisées.

Je pensais souvent à la mort et priais Dieu de me donner le courage d'aller de l'avant, tant les forces me manquaient.

Une nuit, je fis un curieux rêve. C'était Marie, ma grand-mère paternelle. Je ne l'avais pas rencontrée depuis des années. Elle était dans sa maison – alors que celle-ci avait été vendue des années auparavant –, elle descendait l'escalier, entourée de lumière. Ce qui me contrariait dans ce rêve, c'était que, depuis longtemps, elle gardait le lit chez sa fille. Là, elle semblait s'être échappée et était enfin libérée.

Le lendemain, j'apprenais sa mort.

Le rêve est proche d'un état altéré de conscience où l'esprit quitte le corps pour aller communiquer quelquefois avec des proches ayant quitté ce monde. Au réveil, on garde généralement en mémoire une partie du rêve. Quand il est entier, c'est un message qu'il faut considérer avec importance. En l'occurrence, Marie venait me prévenir de son départ.

Finalement, je trouvai le courage d'appeler à l'aide. Je téléphonai en Bretagne et demandai à parler à mon père. Ma mère, très nerveuse, intercéda en ma faveur pour l'inciter à me répondre. Je l'informai que j'étais en danger et que je n'avais nul endroit où aller. Il finit, contraint et forcé, par m'autoriser à rentrer, « à condition que tu arrêtes ton cinéma ! ». Comme si je pouvais ne plus être moi-même et faire abstraction de mon identité, comme si cela avait été un jeu, un rôle de composition, et qu'il suffisait de quitter la scène pour revenir à la réalité, à *sa* réalité, la vie comme il l'entendait !

Quitter Richard fut un supplice. Il fallut puiser dans mes dernières ressources pour trouver la force de partir. J'étais en larmes. Je n'avais jamais cessé de l'aimer mais tout était allé trop loin. J'étais face à une alternative dont ma vie dépendait. Ou je restais à Bordeaux, et je mourais, ou je luttais pour ma vie et je prenais la poudre d'escampette.

La première révélation faite par l'esprit de ma grand-mère se révéla exacte.

Retour au pays

Ma mère tomba en pleurs à ma descente du train. J'avais maigri. Elle ne me reconnaissait pas. Ma vie était toujours menacée et, pour reprendre du poids, j'étais soumis à un strict régime de piqûres. Le jour de mon arrivée en Bretagne, je consultai un médecin qui, après l'examen de mon état de santé, entreprit de m'hospitaliser. Ma sœur et ma mère, qui m'avaient accompagné à la consultation, s'opposèrent fermement à une telle décision. Grâce à elles, l'hôpital me fut épargné. Elles allaient déployer beaucoup d'énergie pour me remettre sur pied.

J'étais de nouveau au bercail après quelques années d'absence. Comme dans la Bible, le fils prodigue revenait vers son père. À cette différence près que dans les Écritures, le fils est pardonné et accepté de bon cœur.

Une immense fatigue s'était emparée de mon être. Je ne ressentais aucun élan. J'étais las, dépossédé de toute joie. Je nageais en plein pessimisme et mon père refusait de m'adresser la parole. Seul l'amour de ma mère m'aidait à tenir le coup. Ma sœur, arrivée à un âge où je pouvais avoir des échanges avec elle, me poussait à aller de l'avant. Sans l'affection de ces deux femmes, j'aurais assurément sombré.

Ma présence semblait indisposer mon père qui me regardait durement, comme s'il ne supportait plus de me voir à sa table. Un soir, le ton montant, il m'ordonna de quitter la maison, sans argent, sans travail et toujours sérieusement affaibli. Ma mère et ma sœur avaient beau se révolter contre une telle décision, il restait inflexible. Je pliais bagage, prêt à quitter les lieux, lorsque ma sœur, indignée de me voir obligé de reprendre la route sans le moindre but, décida de m'accompagner. Elle embarqua mes affaires dans sa petite R5 et nous roulâmes vers la maison de Soize. Depuis le départ de ma grand-mère, sa demeure était restée inhabitée ; je pouvais ainsi y trouver refuge. Elle ne disposait d'aucun confort, il n'y avait pas de chauffage, mais au moins j'étais à l'abri, et c'était pour moi comme un retour à l'adolescence, une halte protectrice auprès d'une grand-mère que j'aimais tant.

Je revoyais la vieille maison de mes tendres années. Des souvenirs me revenaient en un pêle-mêle d'images violentes et douces. Nous emménageâmes au milieu de la nuit dans une atmosphère glacée. Ma sœur s'installa au premier étage. J'occupai le rez-de-chaussée, dans la chambre où avait reposé le corps de ma grand-mère. En me glissant dans son lit, je n'étais pas sûr de pouvoir dormir. J'avais un petit peu la frousse.

Comme j'étais allongé, mes pensées me ramenèrent à mon père. Une lourde tristesse m'accablait en songeant qu'il n'avait tenu aucun compte de ma dépression. Et pourtant ma santé ne mentait pas, n'importe qui pouvait en juger. Cette situation demeurait pour moi totalement incompréhensible. N'étais-je pas son fils ? Devais-je m'habituer à l'idée que sa porte me serait toujours interdite ? Ces questions jetaient sur moi une ombre froide. Elles n'avaient aucune réponse. La peine qui m'empêchait de dormir fut tout à coup déchirée par une lueur. Je me fis le serment qu'un jour j'aurais mon *chez-moi* et que plus personne ne s'aventurerait à me mettre dehors.

La vie m'entraînait toujours vers le doute. Je continuais de m'interroger sur les chances de m'en sortir. Les épreuves se succédaient et je n'espérais plus trouver le repos d'une joie durable. Mes sentiments à l'égard de Richard étaient intacts. Mon ami me manquait cruellement et je luttais, minute après minute, contre le désespoir. Une redoutable pente ouvrait devant moi un chemin vers le gouffre.

Les jours passèrent et l'emprise de ma détresse se relâcha un peu. Il faut dire que j'étais entouré de soins intensifs. Françoise et ma mère m'enveloppaient de leurs prévenances, préparant pour me remplumer les meilleurs plats. Je n'avais qu'à m'asseoir et manger. Vraiment, on ne m'imposait aucune fatigue.

Comme je m'étais endormi après une journée oisive, je fis un curieux rêve. J'étais devant la maison de Soize, par une nuit de tempête, et j'avais peur d'entrer. Je savais que l'esprit de ma grand-mère était à l'intérieur. J'entrouvris la porte et partis en courant. La nuit suivante, le même rêve se poursuivit, à la différence que, cette fois, j'ouvrais la porte en criant : « Mémé, tu es là ? » La troisième nuit, actionnant la serrure, j'entendis :

« N'aie pas peur ! », et aussitôt ma grand-mère apparut. Soize descendait l'escalier dans la lumière, tout son être souriait. Ce rêve était étrangement semblable à celui que j'avais fait, peu de temps auparavant, au sujet de Marie, ma grand-mère paternelle. Pourquoi ? Je pense qu'elle était heureuse que j'aie pu me réfugier chez elle et que je ne sois pas à la rue.

Je reprenais du poil de la bête et progressais doucement. C'était difficile et tortueux mais je retrouvais le goût de vivre. J'entrepris des démarches auprès de l'ANPE et fis un stage de remise à niveau en comptabilité. Puis un travail se présenta dans un magasin de chaussures où je fus embauché comme vendeur ! La deuxième révélation faite par l'esprit de ma grand-mère à Bordeaux (« Tu trouveras vite du travail ») était donc exacte.

C'était à Quimper et je pus rapidement louer un studio. Le vent avait tourné. J'étais indépendant, enfin, je possédais mon *chez-moi*. Et ce n'était ni à Paris ni à Bordeaux, mais en Bretagne, tout près de ma mère et de ma sœur ! Pour la première fois, après tant d'années tumultueuses, j'avais le sentiment que la vie me souriait.

Un bonheur de courte durée, en vérité. Je me traînais. Mon corps s'épuisait vite. J'éprouvais une étrange sensation de fatigue. Il me fallut consulter un médecin qui diagnostiqua une grave maladie, fatale si je ne faisais pas attention. Je me rappelai que l'esprit de ma grand-mère avait prédit qu'il allait me falloir être fort et courageux. Mais cette pensée ne suffisait pas à me remettre d'aplomb. Je plongeai de nouveau dans un tourbillon de déprime. J'avais vingt-cinq ans et je voyais la mort en face.

À l'occasion d'un repas en famille, j'annonçai, en pleurant, l'horrible nouvelle. Mon père sembla ému. J'eus la sensation d'étouffer. Il me fallait sortir. Je me précipitai dehors pour aller marcher sur la plage. Ma mère m'accompagna, et nous eûmes alors une conversation inoubliable. « Mon fils, me dit-elle, sois courageux, la médecine se trompe peut-être… Et, qui sait, je partirai sans doute avant toi. » Je protestai car mon sort avait été dicté : je souffrais d'une maladie incurable. Les généreuses paroles de ma mère ne pouvaient rien à l'affaire. Elle m'écouta puis ajouta : « Tu penses avoir un don. Ne crois-tu pas que tu vas être appelé un jour à aider les autres ? Pourquoi Dieu te rappellerait-il à Lui s'il t'a destiné cette mission ? »

L'argument pesait son poids. Il m'aida à trouver la force de me ressaisir et me guida. La foi ne m'avait pas quitté. Je me suis alors tourné vers Dieu, me concentrant dans la prière. Pour autant, je n'étais pas prêt à accomplir une quelconque mission, n'ayant d'ailleurs aucune idée de ce qu'elle pourrait être.

La souffrance était présente tous les jours, me taraudant sans cesse, mais je continuais à travailler. Un jour, au magasin, une vendeuse n'avait pas l'air d'aller bien. Nous avions un peu sympathisé. Je lui dis : « Toi, tu n'as pas le moral, tu as des problèmes gynécologiques et les médecins t'ont dit que tu ne pourrais pas avoir d'enfant. Tu es aussi très seule. Eh bien, je t'annonce que tu vas bientôt rencontrer un homme brun de la région de Vannes et que tu seras très vite enceinte ! »

Et voilà, me dis-je, *que je recommence à parler de choses qui ne me regardent pas*. Je me voyais, comme à Bordeaux, en train de me prononcer sur l'avenir conjugal de mon amie Michelle et j'en étais plus que troublé. Mais cette vision était irrépressible. Je ne pouvais m'empêcher de dire ce que je pressentais. J'avais parlé spontanément, sans réfléchir. Ma collègue en était sidérée. Après un court silence, elle rétorqua: « Comment peux-tu dire ce genre de chose? C'est complètement ridicule! » Puis elle s'éloigna en haussant les épaules. Elle devait penser que j'avais un sérieux problème.

Quelques mois passèrent. Elle entra un jour dans la boutique et me sauta au cou en disant: « Alain, c'est incroyable, tu avais raison! J'ai rencontré un Vannetais et je suis enceinte! Mais comment pouvais-tu le savoir? » À cet instant, je n'en avais aucune idée. Je me souvenais seulement qu'à Bordeaux il m'était arrivé, malgré moi, d'annoncer des événements qui se produisaient par la suite.

Je me refusais à élucider quoi que ce soit, rejetant ce phénomène parmi les caprices du hasard. Il était inutile de se perdre en conjectures sur une suite de coïncidences. J'avais mieux à faire, et d'abord m'occuper de moi en prenant soin de ma santé. C'était elle qui conditionnait l'avenir, si toutefois j'en avais un. Je me fixais cet unique objectif en caressant, lorsque les jours seraient meilleurs, le projet d'ouvrir un magasin de prêt-à-porter.

Ma vie sentimentale était vide. Je passais d'une relation à l'autre, à la recherche d'un nouveau coup de foudre. Mais j'allais de déception en déception et connut ainsi huit années de grande solitude.

Mes rapports avec mon père s'étaient un peu améliorés. Il se proposait même de me donner un coup de main pour ouvrir un magasin. De ce côté, j'étais heureux. J'espérais qu'il allait enfin m'accepter tel que j'étais.

Il me revint alors que le magasin correspondait à la troisième révélation de l'esprit de ma grand-mère.

La maladie était une épée de Damoclès suspendue au-dessus de ma tête. Malgré cela, les choses n'allaient pas trop mal. J'avançais en imaginant la décoration du magasin dont Soize m'avait parlé.

Je sortais un peu. J'aimais danser, cela me changeait les idées. Je fis ainsi la connaissance d'un garçon dont je tombai amoureux. Enfin, j'étais pleinement heureux.

Son métier l'obligeait à voyager beaucoup. Un jour qu'il était en déplacement pour une semaine à Angers, je pensai à lui, seul dans mon studio. Comme j'allai me coucher, j'eus une vision accompagnée aussitôt d'une terrible angoisse : il était dans les bras d'un autre homme. L'horreur se répétait. C'était comme à Bordeaux où m'était apparue la trahison de Richard. Je crus devenir fou, mais plutôt que de me laisser voguer sur les eaux noires de la douleur, je me précipitai dans la rue et sautai dans ma voiture en direction d'Angers. Je connaissais l'adresse de son hôtel. Après quelques heures de route, j'étais devant sa porte. Il m'ouvrit avec stupéfaction. « Mais que fais-tu là ?

— Je suis certain que tu n'es pas seul. »

Je lui décrivis la personne qui était en sa compagnie. Il en était abasourdi et, devant tant de détails, finit par me confirmer que mes propos étaient exacts. À peine m'avait-il demandé de quelle façon je pouvais le savoir que je repris la route de Quimper.

J'avais passé six mois avec lui et j'en avais fait le tour. Pourquoi ce schéma répétitif dans ma vie sentimentale ? Pouvais-je continuer à me dissimuler *la* grande question : comment étais-je capable de percevoir ces trahisons à distance ?

Comme pour effacer cette malheureuse expérience, je voulus changer d'air et déménageai dans un nouvel appartement. Il me fallait tourner la page et, ce faisant, je parviendrais peut-être à découvrir une route sans embûches, celle qui mène à des paysages où rien n'est pénible. Je me concentrai sur mon travail de vendeur en chassant de moi, chaque fois qu'elle se présentait, l'idée selon laquelle je pouvais voir des événements à distance et prédire des situations.

Je dormais paisiblement quand je fus réveillé en sursaut par des coups dans le placard de ma chambre. Je me dressai dans mon lit puis me rendormis en pensant à un mauvais rêve. L'un des battants de la porte était coincé depuis un moment et s'ouvrait difficilement. Un bruit sourd m'inquiéta. J'allumai la lumière : la porte était grande ouverte ! Je n'étais guère rassuré mais une longue journée de travail pesait sur mes paupières et je finis par me rendormir. Je classai sans suite ce phénomène, dans la catégorie des mystères domestiques.

Je possédais un bureau à côté de mon lit. La nuit suivante, alors que j'étais profondément assoupi, je fus de nouveau tourmenté par un bruit. Des coups y retentissaient, sourds, réguliers. L'ampoule de ma chambre éclairait un décor inchangé. Rien n'avait remué. Aucune trace de désordre. À nouveau dans le calme, je me mis à penser aux bruits que j'avais entendus dans mon enfance. C'était dans la maison de Soize et je croyais alors que l'on m'épiait.

Le vent ne soufflait pas. Les coups dans le bois du bureau ne pouvaient être le fruit de mon imagination. Étaient-ce des signes ? Je sais aujourd'hui que les esprits peuvent agir sur la matière. À ce moment, une fois de plus, j'écartais de moi toute entreprise de déduction. Et cependant, quelque chose se précisait. Je ne pouvais plus aussi facilement tirer un trait sur des phénomènes qui me poursuivaient depuis mon plus jeune âge.

Je pensais à Richard, aux moments que nous avions partagés à Bordeaux. Tout cela me semblait à la fois si présent et si loin… Il était bien étrange que mes pensées à propos de ces bruits me ramènent vers Richard. Y avait-il un lien secret entre tout cela ? Le lendemain, j'éprouvai le besoin de renouer contact avec Michelle. Elle m'annonça une terrible nouvelle. Mon ami venait de décéder d'une leucémie. J'étais assommé. Un esprit me l'avait annoncé, trois ans plus tôt, mais je l'avais oublié. Alors, je compris le sens des manifestations de la veille : Richard était venu m'avertir qu'il avait quitté ce monde.

Mon cercle amical était principalement composé de deux femmes avec lesquelles je passais d'excellentes soirées. C'est au cours de l'une d'elles, après avoir bu un peu d'alcool, que j'ai commencé, sans le vouloir, à évoquer leur passé et leur avenir. Elles n'en revenaient pas. Comment pouvais-je savoir tout cela ? Je leur parlai de ce *don* comme d'une force en moi qui me poussait à dire ce que je voyais et entendais. Le temps passant, cela devint une habitude, comme un exercice auquel elles avaient pris goût. Je remarquai que j'étais épuisé après chaque *séance*. Elles avaient d'ailleurs gentiment tendance à profiter de cette faculté. Je m'en apercevrais plus tard.

J'ai gardé le souvenir d'une soirée en leur compagnie dans un restaurant asiatique. Nous étions à table, détendus et prêts à passer un moment agréable. Je finissais mon apéritif quand, tournant la tête vers la droite, je remarquai une femme assise à la table voisine. J'eus la vision de cette personne en train de voler de la nourriture pour ses enfants. Des policiers l'interpellaient. Cette scène était si forte qu'elle déclencha en moi une vive émotion. Je venais de vivre l'événement à sa place et des larmes se répandaient sur mes joues. J'étais gêné de me donner ainsi en spectacle. Une telle situation m'effrayait. Le phénomène ne se manifestait donc plus seulement en petit comité. Dès lors, il semblait bien pouvoir se produire n'importe où et dans n'importe quelle circonstance.

Je n'étais pas près d'oublier cette soirée. Je me refusais encore à l'analyser et je pensais, par commodité, que cela allait passer. J'avais d'autres chats à fouetter. Je devais avant tout me préoccuper de ma boutique et réussir ma vie professionnelle, montrer à mon entourage que j'étais capable de réussir. Je n'avais pas évacué le souvenir de mon père me traitant de bon à rien. J'avais quelque chose à prouver.

Je vivais seul, et quand j'étais accompagné, il était à peu près certain que cela ne fonctionnerait pas. Ma personnalité dérangeait, ou alors il s'agissait d'une simple relation physique. J'étais en quête d'un amour sincère que je ne trouvais pas.

Au magasin, je fis la connaissance de deux sœurs. Nous éprouvâmes, dans les premiers temps, une vraie sympathie réciproque. À l'évidence, j'attirais l'une d'elle, aux cheveux bruns et bouclés. L'autre se montrait distante. Je crois qu'elle ne m'aimait pas beaucoup. Elles m'invitèrent un soir et je conserve de ce moment un témoignage rédigé par l'une d'elles.

« Lorsque Alain arrive à la maison, nous avons la visite d'un ami s'appelant Christian. Il ne l'a jamais vu, il n'en a jamais entendu parler ; Sophie, ma sœur, n'est pas encore rentrée. Le climat est lourd entre nous trois. Ma sœur rentre juste de son travail quand Christian prend congé. Et là, nous avons l'explication du silence d'Alain en présence de Christian ; son esprit voguait bien au-delà des propos somme toute banals que nous échangions. Parfaitement à l'insu de la personne qu'il avait en face de lui. C'est comme cela que nous avons appris quantité de détails sur le caractère de Christian, ses occupations, ses aspirations. Il nous était facile de vérifier ses dires, puisque Sophie a fait plusieurs années d'études avec lui et qu'ils étaient très liés.

Alain nous raconta, par exemple, qu'il avait fait le tour du monde (*rien ne pouvait le laisser supposer dans son attitude*). Il était très proche de sa mère (*exact, à l'excès*), avait eu un problème avec une fille qu'il aimait lorsqu'il était au lycée (*exact*), il avait voulu être prêtre (*exact*) et il était parti en voyage avec sa classe à Belle-Ile (*ma sœur était d'ailleurs du voyage*). Tout à coup, sans raison apparente, Alain se mit à nous décrire un autre homme, corpulent, avec des joues très rondes, des lunettes cerclées, ayant entre trente et trente-cinq ans, qui venait de se marier avec une institutrice, une fille très ordinaire, très popote. Cet homme travaillait sur une grande table avec beaucoup de livres éparpillés autour de lui. Il se déplaçait à vélo avec un cartable noir sur son porte-bagages. C'était un despote, il avait raison sur tout et il entendait bien le faire admettre aux autres. Nous avions compris, dès la description physique, de qui il s'agissait. Nous le connaissions bien et ne pouvions que corroborer les propos d'Alain dans leur intégralité.

Puis il parla de moi, alors que nous ne le connaissions que depuis trois semaines, décrivant mon caractère de façon très détaillée. Il me raconta une période de ma vie, l'été 1986, me donna le prénom de mon petit ami de l'époque et relata mon histoire avec lui. Il était minuit, nous n'avions pas mangé, il parlait depuis quatre heures sans interruption, il était épuisé.

Quelques prédictions faites ce soir-là se révélèrent exactes. Alain avait dit à ma sœur que son ami lui faisait croire qu'il possédait un bateau alors qu'il l'avait loué ; elle découvrit la vérité quelques jours plus tard ; prédiction pour ma sœur de problèmes de santé qui se précisèrent très rapidement [...]. »

Cette soirée me laissa le souvenir d'une énorme fatigue. J'étais tellement las que j'eus de la peine à rentrer chez moi.

Je me prêtai encore maintes fois à ces expériences qui m'étonnaient de plus en plus. Les visions semblaient arriver quand j'avais un peu bu, certaines fois à mon insu, comme ce soir-là. Mais elles venaient aussi quand, par jeu, je m'efforçais de me concentrer. Je n'avais aucune explication à ce phénomène ; tout cela était si extraordinaire, si désordonné... Je n'y comprenais rien et cela me faisait un peu peur. Je commençais à me poser des questions sur ma nature profonde.

L'une des deux jeunes femmes voulut tenter d'autres expériences. Elle se prétendait plutôt cartésienne mais était très intriguée par cette faculté encore à l'état brut. Sans doute le fait de la voir pour ainsi dire naître sous ses yeux et se préciser de jour en jour l'excitait-elle aussi un peu. Quant à sa sœur, elle décida de ne plus me voir car je l'impressionnais. Elle me rejeta sans autre forme de procès.

Dans le cadre de ces expériences, mon amie me désigna un objet en me demandant de lui raconter son histoire. Elle en écrivit ce récit :

« Je lui ai montré un éléphant en peluche que je possédais depuis longtemps. En le touchant, il m'a dit qu'il venait d'une foire (*les Puces de Londres*), que c'était un couple qui l'avait acheté (*ma sœur et son petit ami*), qu'un chien l'avait pris dans sa gueule et qu'une femme criait, car elle voulait le récupérer (*vrai*). Une petite fille jouait avec dans une chambre bleue, fille de Marie (*vrai*).

Je lui tendis une bague. En la touchant, Alain me dit que ma mère la portait (*exact, comme deuxième propriétaire*). Il décrivit la maison de la première propriétaire et révéla la marque de la voiture garée devant, une Aronde (*étonnant!*), puis fit le portrait de la personne. Tout était exact! Il dit que cette bague avait été perdue puis retrouvée au fond d'une boîte. C'était la pure vérité!»

J'allais de surprise en surprise depuis quelque temps, me demandant comment ces informations pouvaient me parvenir. C'était comme si une force inconnue me poussait à parler. Mes paroles précédaient mes pensées et les visions qui les accompagnaient étaient incontrôlables. Je continuais cependant à rejeter tout cela. J'avais un magasin à tenir et, ne comprenant rien à ce phénomène, je ne souhaitais pas me disperser en consacrant du temps et toute mon énergie à une étude approfondie sur la question. Elle aurait nécessité des recherches, voire une analyse parapsychologique, tout ce à quoi je n'étais pas prêt.

Mais je me rappelais toujours que l'esprit de ma grand-mère m'avait annoncé une autre mission.

Voyage à Lourdes

Maman eut l'idée de ce pèlerinage. À cette époque, je pensais à Dieu très souvent, et la question de savoir s'il allait me rappeler à lui me tourmentait en permanence.

À peine arrivé sur les lieux, je glissai dans un état second. Je ressentais une grande souffrance autour de moi mais, aussi incroyable que cela puisse paraître, cette énergie qui depuis l'enfance ne m'avait pas quitté se coula dans mon corps en remontant depuis mes jambes jusqu'à ma tête. Je ne comprenais rien à ce phénomène et me contentais de prier devant la statue de la Sainte Vierge. Mon corps s'inclinait d'avant en arrière, parcouru d'étranges vibrations. J'implorais Dieu de me donner la force de surmonter les épreuves futures. Je priais pour venir en aide aux malades. J'avais envie de pleurer. L'émotion me submergeait.

En entrant dans la basilique Notre-Dame-du-Rosaire, je fus enveloppé par une énergie d'amour, porté par elle, transporté en son sein. Je n'avais jamais été plus proche de Dieu qu'à ce moment-là. Je décidai de faire le chemin de croix. Marcher genou contre terre était une façon de prier Dieu avec humilité.

Tout petit, maman nous obligeait à aller à l'église. À peine avais-je passé le porche que je me sentais immédiatement apaisé, même si j'étais en désaccord avec les paroles prononcées par le prêtre. Je n'étais pas en harmonie avec cette religion qui parlait du paradis et de l'enfer, de douceur et de flammes.

Mais, à Lourdes, je priais pour que Dieu me montre le chemin, pour qu'il éclaire de ses réponses toutes les questions que je me posais sur ces visions et ces phénomènes qui me poursuivaient depuis l'enfance. J'avais besoin de son aide et de son secours. Ma foi était presque palpable, je pouvais la ressentir concrètement.

Je décidai d'aller me confesser auprès d'un prêtre. Après le rituel d'usage, je me laissai aller à parler de ma vie intime, de ce don que je possédais et qui me faisait peur. Sa réponse me dégrisa : « Allez voir un psychiatre, mon enfant, moi, je ne peux rien pour vous ! » En sortant du confessionnal, je mesurai une fois encore l'immense décalage qui me séparait de cette religion. Elle me tenait pour un malade, peut-être même pour un hérétique !

J'étais dans le lieu saint de Lourdes mais, dès que nous fûmes à l'hôtel, je ne cessais de me disputer avec ma mère, l'être que j'aimais le plus au monde. Alors que j'étais en train de prier, j'entendis une voix qui insultait la Sainte Vierge. Confiant ces répugnantes invectives à maman, elle me répondit qu'elle avait, elle aussi, entendu la même chose ! C'était comme si nous avions été, pendant ce séjour, reliés à un esprit mauvais qui faisait en sorte que nous nous disputions sans arrêt. Un esprit qui nous tenait d'identiques propos orduriers.

Lorsque nous fûmes revenus de Lourdes, tout rentra dans l'ordre. La vie reprit son cours normal. J'étais toujours seul, dans cette solitude pesante que tout le monde a connue un jour. Je demeurais avec moi-même, face à cette maladie latente, confronté à des visions qui engendraient l'effroi en même temps qu'une attirance virant parfois à la fascination.

Enfin, je réussis à partir en vacances, aux Grandes Canaries. C'était une belle récompense après des années d'infortune. Chaque jour, je me répétais que je pouvais être appelé à n'importe quel moment dans l'autre monde. Cette perspective me donnait envie de grand air. Il devenait urgent pour moi de voyager. Je me disais que de cette façon la vie me serait plus douce. Les voyages chassent le stress et les idées noires.

Ces îles de l'archipel atlantique allaient occuper une place importante dans ma vie tout au long des années à venir. Ce serait un endroit où je ferais facilement des rencontres, et où je tomberais amoureux de personnes résidant en Suède, en Norvège et en Allemagne. Cependant, je fus long à comprendre que ces relations à distance n'évolueraient vers rien de sérieux. Au cours de ces voyages, les séparations furent parfois douloureuses. Et cela confirmait que ma vie sentimentale était peut-être karmique. La souffrance était-elle une part irréductible de mon chemin de vie?

J'étais parfois appelé à me rendre à Paris pour le compte de mon magasin de prêt-à-porter. J'avais eu des nouvelles de mon amie Michelle qui projetait de s'installer dans la capitale avec son compagnon. Je fus heureux de la retrouver, ne l'ayant pas vue depuis longtemps. Je passai une soirée chez elle, en présence de sa meilleure amie. Après un verre de vin, je me laissai aller à parler longuement de la vie de cette jeune femme, de son passé, de son présent, de son futur aussi, sans parvenir à me freiner. Je finis par m'en excuser mais, loin de s'en offusquer, cette personne semblait ravie. Jamais on ne s'était à ce point intéressé à elle. Jamais on ne lui avait décrit sa vie avec autant de détails. Elle avait senti ma compassion et apprécié les vérités que j'avais mises à jour. J'étais heureux d'avoir pu lui apporter mon soutien et un peu de réconfort. À cette occasion, je me fis la remarque que cette intrusion presque involontaire dans la vie des autres n'était pas de mon fait, mais qu'une force me poussait à déverser un flot de paroles. Je me posais des questions sur l'ampleur que commençait à prendre ce phénomène. Je ne me résolus pas à en parler à ma famille, sûr de l'incompréhension générale, mais l'idée me vint de rencontrer une personne témoignant d'un don de même nature. J'avais besoin d'aide. Je décidai de consulter une cartomancienne qui me fit cet aveu : « Je ne peux pas vous aider, mais je connais à Paris une médium, Hélène Bouvier, qui le pourra peut-être. Elle ne reçoit plus, ou très peu, mais essayez quand même ! » Dès le lendemain, je lui téléphonai. Elle me laissa seulement le temps de lui dire que je l'appelais de Bretagne. Elle m'interrompit aussitôt : « Oui, je sais, je vous attends. » Imaginez ma surprise !

Un rendez-vous avec Hélène Bouvier

En me rendant chez Hélène Bouvier, je ne connaissais de cette grande dame que sa réputation établie de médium. Jusqu'à mon dernier souffle, je me souviendrai de ces quatre heures qu'elle voulut bien me consacrer, l'un des plus grands moments de mon existence.

Quand je fus arrivé chez elle, elle me demanda de m'asseoir sur une petite chaise dans l'entrée. Elle était en consultation avec un couple qui venait de perdre un animal. Je me rappelle avoir tout de suite ressenti cette énergie qui montait dans mes jambes. Je venais de comprendre que ce phénomène qui affectait mon corps physique me signifiait que je n'étais pas seul.

Finalement, Hélène Bouvier m'invita à la suivre. Dans la pièce où elle se tenait, je remarquai la présence de chats puis une petite table devant laquelle elle me demanda de m'asseoir. Elle réclama de voir ma main puis m'interrogea sur ma date de naissance. Elle parut faire un calcul dans sa tête. « Aïe, grimaça-t-elle, vous avez des prédispositions psychiques. Vous avez un don, cher monsieur. » Je lui confiai que je voyais certaines choses depuis assez longtemps. « Oui, oui, c'est écrit, je vois votre aura et elle est grise. Dites-moi, vous vivez avec la mort, sans la connaître, mon cher monsieur, mais attention, il faut arrêter d'y penser, vous n'êtes pas près de mourir. Il vous faut mieux manger que vous ne le faites, méfiez-vous d'un ulcère à l'estomac. Mon pauvre monsieur, vous avez un grand manque de soutien familial, vous êtes seul, et comme vous avez souffert ! Depuis si longtemps, et ce n'est pas fini ! Il vous faut connaître la souffrance afin d'aider les autres. Telle est votre mission. »

Au lendemain de ce rendez-vous, je pris le train de retour à la gare Montparnasse et transcrivis notre conversation. J'en étais totalement imprégné. Chaque mot qu'elle avait prononcé prenait un sens aigu. Ainsi, elle m'avait dit que je serais appelé à agir comme elle. J'étais réconforté d'apprendre que je n'étais pas fou, et cependant mon inquiétude n'était pas tout à fait dissipée.

« Mais qui est cette personne que je vois à côté de vous ? Ah ! c'est votre grand-mère maternelle. Elle est avec votre oncle qui est mort. Il vient de me montrer la guerre. »

En effet, un de mes oncles avait disparu le 8 juillet 1944 à bord du sous-marin *La Perle*. Il s'appelait Jérôme Bellet.

« Votre grand-mère me dit que vos parents vont avoir un problème de santé, plus particulièrement votre maman, vertiges… » À cet instant, je lui avais montré une photo de ma grand-mère portant sa coiffe.

« Oui, c'est bien elle, mais sans sa coiffe haute, juste la petite. » C'était vrai, elle ne la mettait pas tous les jours. L'émotion était violente car j'adorais Soize.

— Dites-le-lui ! demandé-je à Hélène Bouvier.

— Elle le sait, répondit-elle.

— C'est bien avec elle que je communique ?

— Oui, et quelquefois non, car elle n'est pas toujours disponible pour venir vous voir. » Mes jambes étaient tétanisées. « Ce que vous ressentez, c'est le fluide universel. » Je recevais autour de moi une énergie encore plus forte.

Puis Hélène Bouvier me demanda d'appeler un être plus haut spirituellement, un père, un guide qui pourrait m'aider. Elle m'expliqua que ma médiumnité serait amenée à se développer avec le temps, à condition bien sûr que je le mérite. Je devais prier Dieu, mais on essaierait de me déstabiliser, de me mettre à l'épreuve. Il ne fallait pas craindre qu'un esprit me tire par la manche, ou me donne un coup de pied. Elle ajouta que je devais, avant chaque voyance ou séance de médiumnité, invoquer l'aide de Dieu puis le remercier et enfin me laver les mains. Elle me conseilla de ne pas recevoir tout le monde et particulièrement les mauvaises gens. Elle me dit que j'allais subir des attaques psychiques et que j'en serais considérablement perturbé. Toutefois, si je progressais, j'obtiendrais un cadeau de Dieu. Dans un an, mon guide spirituel prendrait contact avec moi. Elle me parla aussi de mon chien Kafi, un berger allemand, passé dans l'au-delà. Il m'aimait beaucoup, dit-elle, et m'en voulait de l'avoir abandonné à mes parents qui finirent par le confier à un couple d'agriculteurs. « Pour les animaux aussi, précisa-t-elle, la vie continue. »

J'étais sorti de ces quatre heures de consultation dans un état d'hébétude totale mais une chose était acquise, je n'étais pas fou. Hélène Bouvier avait sans hésiter confirmé que j'étais médium. Malgré les souffrances qu'elle m'annonçait, je savais que les phénomènes qui s'imposaient à moi depuis si longtemps avaient une justification d'ordre spirituel. Elle m'avait demandé de me détacher de certaines choses ; ma mission était d'aider les autres, dans l'amour universel.

Si la médiumnité est une faculté que l'on peut posséder dès l'enfance, c'est surtout un acquis spirituel et non pas un don qui se transmet de génération en génération, comme beaucoup l'affirment. Elle doit être utilisée avec humilité en observant une éthique irréprochable.

Hélène Bouvier m'a dédicacé son livre, « ... avec mes meilleures pensées spirituelles, que le Christ soit toujours avec vous ». J'en fus profondément ému. J'ajoute que, en rendant compte de cette précieuse conversation, c'est un hommage que je lui adresse, modeste témoignage de ma considération infinie.

Le temps passa et je finis par oublier cette consultation. J'avais décidé de mettre de côté, pour un temps, la partie médium de ma personnalité, attestée par Hélène Bouvier. Je serais un homme ordinaire vaquant à ses occupations. Mon magasin de vêtements réclamait tous mes soins. Je devais aider du mieux que possible mes clientes à s'habiller. C'était la seule mission que je m'assignais.

Un an plus tard, je me trouvai de nouveau à Paris pour y faire des achats. Mon amie Michelle me reçut dans son appartement et insista pour me présenter un médium qui pratiquait le magnétisme. Quand il me serra la main, il me dit voir beaucoup de lumière derrière moi. Puis il déclara que j'allais vivre très prochainement un événement extraordinaire, en relation avec l'invisible. Il me conseilla d'appeler davantage mon guide spirituel et insista pour que je lui parle de sa vie, alors que je n'en avais aucune envie. À contrecœur, j'évoquai sa femme et ses quatre enfants, ajoutant qu'il allait les quitter pour une autre personne que je pus décrire physiquement. Il en fut affreusement contrarié, ce qui me désola. J'appris par la suite que cette séparation eut effectivement lieu.

Je finis par prendre congé de cet homme et de mon amie et sautai dans le train qui me ramenait à Quimper, en quelques heures d'un voyage éprouvant. Ayant retrouvé mon appartement, je voulus me détendre en faisant couler un bain, j'étais si fatigué... Je me mis à penser aux propos du magnétiseur, à sa vision d'une lumière autour de moi, au conseil prodigué de consulter davantage mon guide spirituel. Et, comme je songeais à cela, je constatai que ma rencontre avec Hélène Bouvier avait eu lieu un an plus tôt, jour pour jour. Singulière coïncidence!

Rencontre avec mes guides

Après une journée de fatigue accrue par mon voyage en train, je commençais à ressentir les effets bienfaisants d'un bain chaud. Comme je goûtais à cette détente, un élan de force, une énergie particulière s'empara de mon être. Il me sembla alors que je retrouvais ma forme. J'étais d'aplomb et c'était comme si une nouvelle journée débutait.

Il me revint tout à coup qu'Hélène Bouvier avait prédit que mon guide spirituel prendrait contact avec moi un an après notre conversation. Tandis que je me dirigeai vers la cuisine pour me préparer à manger, j'entendis soudainement une voix. « Prends du papier et un crayon ! » Avais-je vraiment entendu une voix ? N'était-ce pas des paroles venues de la rue ? Je décidai de n'en faire aucun cas mais, sur un même ton impérieux, le commandement se fit de nouveau entendre. Je n'étais pas fier et, dans l'état de panique où je me trouvais, je me mis à prier Dieu pour qu'il me vienne en aide. Je croyais devenir fou. La voix continuait d'insister et, au bout d'un moment, j'assemblai des feuilles et cherchai un crayon.

Une énergie saisit mon bras, mit mon poignet en mouvement, de sorte que j'écrivais sans exercer le moindre effort. Bien sûr, je n'étais pas rassuré mais j'acceptai, sans résister, ce phénomène inexplicable. Le crayon courait sur le papiers dessinant des courbes qui composaient un étrange gribouillis. Le crayon s'animait et je ne pouvais le contrôler. Il emplissait des pages de gribouillis. À quelle manifestation étais-je encore soumis ? Qui voulait, avec tant de force, prendre contact avec moi ? Au milieu des arabesques, je reconnaissais des mots qui m'étaient familiers : Françoise puis Marie, mes grands-mères ! Le crayon allait de gauche à droite en signalant d'autres prénoms. Cette fois, je pouvais lire Alour et Joseph, puis m'apparurent trois entités se faisant appeler mes guides. Le chiffre trois se forma enfin, et de nouveau trois prénoms : Gabriel, Martine, Carole. Ils me disaient être là pour me permettre d'accomplir ma mission.

Épuisé, je laissai tomber le crayon et me mis aussitôt à prier. J'invoquai l'aide de mon guide spirituel ainsi qu'Hélène Bouvier me l'avait conseillé. Soudain, et je ne trouverai jamais les mots exacts pour décrire la merveille d'une telle vision, je vis, sur un arrière-plan de lumière, un calice doré. Il en jaillissait une eau pure. Mais quel sens pouvais-je donner à tout cela ? La lumière et l'eau n'étaient-ils pas des signes de vie ? N'était-ce pas deux composantes de la vie spirituelle ? Mon émotion était à son comble. Il me semblait recevoir un cadeau de Dieu. Ma foi était si puissante que je pensais être atteint par la grâce. J'étais devant un fait irrécusable. Dieu, depuis sa très haute bienveillance, m'avait adressé un message.

Au fil des jours, l'écriture devenait lisible. Des mots puis des phrases se formaient, assemblant des paroles d'amour et de réconfort qui venaient de mes guides, mais également des recommandations en provenance d'esprits. Je m'attachais particulièrement à celles-ci :

« Tu dois aider ton prochain à présent, telle est ta mission. Ton chemin est encore long, tu dois avoir confiance en toi et en Dieu, n'aie pas peur, nous te protégeons. Tu dois faire preuve de discernement dans les messages que tu reçois. Bien sûr, tu dois prier Dieu et tes anges gardiens de te protéger, car tu seras sûrement contacté par des esprits un peu farceurs. »

L'énergie qui prenait possession de ma main me fit un jour écrire qu'elle était l'esprit de Soize. La calligraphie était en tout point semblable à celle de la lettre qu'elle m'avait envoyée, et que j'avais précieusement conservée, quand je me trouvais si malheureux en colonie de vacances. J'avais alors douze ans.

Une autre fois, en pleine écriture automatique, je fus visité par un esprit en colère qui renversa une bougie sur la table, enflammant la nappe, me laissant dans un état de terreur. Par coïncidence, une amie arriva à ce même moment, m'aidant à éteindre un début d'incendie. L'esprit entré en communication avec moi était si furieusement déterminé que mon bras me faisait souffrir après que j'eus écrit sous sa dictée violente. Il était évident que je me trouvais en contact avec quelqu'un de peu sympathique. Mais sans doute n'avais-je pas assez prié et m'étais-je laissé emporter, sans y prendre garde, par une énergie négative.

Je me rendais compte que, de l'autre côté, les esprits pouvaient garder leur caractère et leur personnalité, bons ou mauvais. Je me souvenais qu'Hélène Bouvier avait prédit qu'on chercherait à me déstabiliser, que je pourrais avoir affaire à ce que l'on nomme le *bas astral*, un lieu où se rassemblent des esprits peu évolués. Je ne possédais, à cette époque, aucune information sur le sujet. Il résultait de cette ignorance une certaine inquiétude. Mes lacunes finiraient par être comblées. En attendant, et dans les années qui suivirent, les contacts continuèrent à se manifester.

Il faut savoir que l'écriture automatique, bien qu'étant un moyen de communiquer avec un esprit, peut être dangereuse. Il faut, dans tous les cas, faire preuve de discernement quant au message reçu. Sans prières ni protections spirituelles, toute personne peut attirer à elle des esprits faisant partie du *bas astral*, ces esprits capables de vous rendre la vie sur terre infernale.

Nous pouvons tous nous trouver dans une phase difficile, lorsque, par exemple, nous venons de perdre un être cher. Désirant entrer en contact avec lui, nous pourrions envisager de recourir à l'écriture automatique. Cette pratique peut être redoutable. Parfois, elle n'est que la retranscription du subconscient et, dans ce cas, il n'y a aucune prise de contact avec l'au-delà. Plusieurs psychiatres l'affirment dans certains diagnostics. Quand une personne possède des facultés médiumniques, plusieurs cas de figure sont possibles. Elle peut recevoir des messages d'esprits de différentes sphères et il lui sera difficile de discerner la vérité. L'écriture peut sembler intuitive, inspirée, alors le médium entend des messages qui passent par le cerveau avant d'être couchés sur le papier. Dans un autre cas, le médium ressent une énergie qui entre dans le bras, et la main ressent une très forte impulsion qui entraîne le crayon sur le papier. L'écriture est alors dite « automatique ». J'encourage les médiums, qui ont pour mission terrestre d'aider les autres, à bien se protéger et à toujours demander l'aide de Dieu et de leur guide spirituel en allumant une bougie, symbole de lumière. Il est souhaitable de brûler de l'encens et de prier selon un rituel venant du cœur. Je mets aussi en garde toutes les personnes qui essaient de faire *tourner les tables* sans prière ni foi, simplement par jeu. Cela peut être lourd de conséquences.

Après avoir posé le crayon, j'avais pleinement conscience que le chemin qui se découvrait devant moi pouvait être périlleux pour ma santé mentale et physique. Je me rendis alors compte que la quatrième révélation de l'esprit de ma grand-mère était en train de s'accomplir : « Une autre mission t'attendra. »

Aux îles Canaries

En retournant aux îles Canaries, je voulais mettre de côté tous mes soucis, oublier mon magasin et ces états de médiumnité qui empoisonnaient ma vie. J'aspirais à un repos bien mérité.

C'était mon deuxième séjour dans l'archipel atlantique et je redécouvrais ce merveilleux endroit. Tout n'était qu'enchantement dans ces paysages de dunes ciselés par les montagnes et entourés de mer. Je profitais du soleil et me promenais, un walkman sur la tête, les yeux constamment éblouis par des perspectives de beauté. J'étais le plus heureux des hommes.

J'aimais danser et c'est au cours d'une sortie nocturne que je fis la connaissance de Ricardo, un Espagnol fort sympathique. Nous parlions de choses et d'autres et, sans que j'eusse jamais évoqué le paranormal, il me confia que son appartement était hanté, qu'il ne pouvait y dormir la nuit tant il était épouvanté. Il se sentait ridicule de m'avouer ce qui n'était peut-être qu'une superstition. J'avais décidé de me mettre en congé de médiumnité et le destin plaçait sur ma route un homme à qui on avait jeté un sort et qui avait besoin d'aide!

J'hésitai à rebondir sur cette affaire d'appartement hanté, mais je finis par le rassurer en lui disant que je connaissais ce genre de phénomène. Il m'expliqua qu'il rentrait d'Australie, où les gens font facilement appel à des sorciers. Il se demandait si on ne lui avait pas jeté un sort.

Comme j'étais sur le point de partir, il insista pour m'inviter au restaurant le lendemain. J'hésitai longuement car j'étais en vacances et ne souhaitais d'aucune façon parler de mon don ou de spiritualité. Il m'était malgré tout difficile de refuser une si charmante invitation. Ricardo avait manifestement besoin d'aide.

Contacts avec le *bas astral*

Nous étions réunis au restaurant, Ricardo me parlait de sa vie en Australie et des raisons de son retour en Espagne. Je l'écoutais attentivement quand, brusquement, je me surpris moi-même à lui dire :

« Je vois la présence d'un esprit autour de toi. Il me dit s'appeler Domingo…

— Domingo !

— Il y a eu un accident de voiture et, sans le vouloir, tu l'as tué. Il te dit de ne pas culpabiliser et que c'était son heure. »

Ricardo était blême.

« Mais comment le sais-tu ? », me demanda-t-il.

Je regrettai aussitôt mes paroles. Qu'avais-je à me répandre sans cesse à tort et à travers ! C'était plus fort que moi. Ricardo était sous le choc. Je culpabilisais.

Il me demanda si je pouvais l'héberger car il craignait de dormir chez lui. Je soupirai en me disant que je passais d'étranges vacances. Il insista. Sensible à sa détresse, je finis par accepter.

Arrivé à l'hôtel, je me couchai et m'endormis rapidement. Soudain, au milieu de la nuit, j'eus la sensation d'étouffer. Était-ce un mauvais rêve ? À demi éveillé, je sentais deux mains qui me serraient le cou. Ricardo était en train de m'étrangler, le regard perdu, comme aliéné par une force obscure. On aurait dit qu'un somnambule agissait contre moi. Il était vigoureux et je fus long à me dégager. Tout à coup, une vision s'imposa. C'était une église blanche au milieu des montagnes. Je devais l'atteindre à tout prix.

Doucement, il revint à lui. Je lui racontai sa tentative d'étranglement. Il m'avoua n'y rien comprendre et sembla regretter son acte, prétendant qu'il s'était jeté sur moi poussé par une force extérieure, contraire à sa volonté.

Quelle fâcheuse expérience ! En dépit de son apparente bonne foi, je ne me sentais plus en sécurité et lui demandai de partir. À ce moment, je n'avais pas compris que Ricardo était possédé par un esprit du *bas astral*. Sans doute aurait-il quitté l'hôtel si la vision d'une église blanche n'avait plaidé en sa faveur. Je supposai que l'édifice, qu'il me fallait trouver, était la solution à ses ennuis, et ne pouvais me résoudre à le chasser. Je parvins difficilement à retrouver le sommeil, et ne dormis que d'un œil !

Il n'avait jamais entendu parler de cette église et se renseigna, dès le lendemain, auprès de l'une de ses amies qui se prénommait Isabelle. Elle connaissait la région et s'engagea à nous accompagner, le surlendemain, dans une étrange expédition au milieu des montagnes.

Le lendemain, Ricardo me convia à le suivre dans son appartement. À peine en avions-nous franchi le seuil que je ressentis un puissant malaise. Les vibrations qui se dégageaient de ce lieu étaient terrifiantes. Les lumières s'éteignaient, se rallumaient, s'éteignaient encore. Je finis par partir, soulagé d'avoir échappé à si sombre atmosphère.

Le lendemain, nous retrouvions Isabelle. Elle ignorait tout de cette église dont je lui avais fait la description mais elle proposa de nous guider dans cette recherche. Au terme d'une journée de marche vaine, nous allions renoncer et prendre le chemin du retour lorsque j'aperçus l'édifice, scintillant de blancheur, comme dans ma vision. J'avisai un vieil homme pour lui demander s'il était ouvert. Il répondit qu'il était fermé mais il savait qu'on pouvait y entrer certains jours, sans pouvoir préciser lesquels. Cette discussion achevée, je remarquai un prêtre qui sortait d'une maison. Nous l'interrogeâmes dans un sabir mêlant l'anglais et l'espagnol, en insistant sur notre désir de visiter l'église. Il accepta sans rechigner et s'en alla chercher la clé. Cette formidable aubaine était assurément placée sous le signe du destin.

Au fond, je ne savais rien de ce que j'allais faire dans ce lieu de culte et j'étais incapable d'imaginer le rapport que j'y trouverais avec Ricardo. Il existait cependant, j'en étais absolument certain. À l'instant où je fus dans le sanctuaire, je sus que je devais effectuer un travail en utilisant l'eau bénite et en récitant des prières. Bien qu'ignorant l'ensemble des protocoles sacrés, j'indiquai à Ricardo les gestes à effectuer, l'indispensable signe de croix. Je l'engageai ensuite à invoquer son guide spirituel. Avec beaucoup d'amour, nous priâmes Dieu de le libérer de l'esprit qui le tourmentait jour et nuit afin qu'il se retrouve en paix.

Je finis par comprendre que Ricardo était possédé par un esprit qui refusait qu'un médium puisse lui venir en aide. C'était cet esprit malveillant qui s'était emparé de lui pour m'atteindre physiquement en tentant de m'étrangler.

Cette aventure dans les montagnes nous avait rapprochés et Ricardo ne voulait plus me quitter. J'étais seul depuis de longues années et me laissais porter, sans bien y réfléchir, dans cette nouvelle vie. Débarrassé de son esprit néfaste, il n'attenterait plus à mes jours pendant mon sommeil. Tout était redevenu calme. Mon ami finirait par s'installer quelques années en France.

Je fis un soir la connaissance de Barbara, une femme charmante et cultivée qui parlait plusieurs langues. Nous allions devenir les meilleurs amis du monde pendant une vingtaine d'années. Elle prendrait beaucoup d'importance dans ma vie. Lors de notre première rencontre au cours d'un dîner, détendu après un petit verre, je ne pus m'empêcher de l'entretenir de sa vie passée, présente et future. Elle en fut sidérée.

Quelques mois plus tard, au cours d'un autre voyage à Las Palmas de Gran Canaria, j'eus la confirmation que mes capacités à voir, à entendre et à ressentir y étaient décuplées. Je voyais des scènes curieuses : l'eau envahissait l'île, des gens se réfugiaient dans les montagnes…

J'avais toujours du mal à interpréter mes visions, et plus précisément à les situer dans le temps. Tout arrivait dans le désordre, confondant passé, présent et futur. Quand j'étais dans le passé, je voyais à certains endroits de l'île des gens habillés différemment de ceux de nos jours et qui vivaient dans la misère. Souvent, quand je me promenais dans les montagnes, j'avais l'impression qu'on cherchait à me faire voir l'histoire de l'île, mais je ne voulais rien savoir, je repoussais ces visions : j'étais en vacances et je voulais qu'on me fiche la paix !

Un esprit moqueur

Par une journée de grand soleil, je descendais la rue principale qui mène à la plage, d'humeur allègre. Je me réjouissais à l'idée d'aller m'étendre sur le sable quand j'entendis, à l'intérieur de moi : « Ha ha ha ! Tu vas te faire voler ta carte bancaire si tu n'y prends pas garde, ha ha ha ! » Je repoussai mentalement cet esprit en lui rétorquant simplement : « Je suis en vacances, laissez-moi tranquille ! »

Une heure plus tard, tandis que je me baignais, je vis un homme qui fouillait dans mon sac. Je sortis de l'eau rapidement et arrivai à temps pour lui retirer des mains la carte bancaire qu'il cherchait à me dérober.

L'esprit était venu m'avertir de cette tentative, mais sur un ton si ironique que j'ai toujours pensé qu'il n'était pas très élevé spirituellement. C'est sans doute celui-là même qui venait me faire, à sa façon toujours blessante, des révélations en rapport avec ma vie sentimentale, comme s'il avait plaisir à m'affaiblir, dès que les événements me mettaient en état de vulnérabilité.

Une fois de plus, j'étais aux Canaries pour un séjour qui promettait d'être mouvementé.

Incorporation d'un esprit

Une amie de Ricardo travaillait à la direction d'une société qui avait reconstitué, dans les montagnes, une ville de style western, avec ses maisons en bois et son saloon de rigueur, dans le but de proposer des spectacles grand public. Nous fûmes invités à une soirée chez cette femme, à l'étage d'une maison dont le balcon surplombait un amphithéâtre. Une heure plus tard, une représentation devait s'y dérouler.

Dès mon arrivée au village, je demandai à Isabelle de m'accompagner jusqu'à un tipi. « Ne perdons pas trop de temps, nous dit-elle, nous sommes attendus. » J'étais attiré malgré moi par cette tente amérindienne, et plus je m'en approchais, plus je me sentais mal. Isabelle s'étonna de voir mon visage pâle – c'était bien le cas de le dire... Elle m'enjoignit de lui expliquer ce qui m'arrivait. « Je vois des corps qu'on enterre, nous marchons sur un cimetière. » Le site sur lequel nous nous trouvions m'était apparu mais dans une région du passé. Me sentant mal, je voulus partir. J'implorai Isabelle de quitter les lieux. « Voyons, Alain ! Nous sommes invités, nous ne pouvons pas nous dérober. »

J'avais beau prendre sur moi, l'énergie qui se diffusait dans mes jambes me faisait comprendre que je n'étais plus seul !

Connecté avec l'invisible, mes perceptions étaient négatives et je me sentais menacé. Je me rappelai qu'Hélène Bouvier m'avait confié : « On essaiera de vous déstabiliser. » Je me tenais donc sur mes gardes.

Notre hôtesse était une femme blonde, joyeuse et avenante, prénommée Rosa. La salle où elle nous reçut était décorée avec goût. Une vaste baie vitrée s'ouvrait sur l'arène où le spectacle était annoncé. On pouvait apercevoir les gradins, le public commençait à s'y installer. Nous étions assis sur des tabourets devant le bar où Rosa nous servait un cocktail, tournant le dos à un miroir qui renvoyait l'image de convives enjoués. L'atmosphère était chaleureuse mais je n'étais pas totalement détendu, j'avais du mal à me laisser aller. Je pressentais que quelque chose allait se passer et qui me mettrait en danger. Soudain, dans le miroir, je vis l'esprit d'un indigène qui montrait un visage en colère. À ce moment, une énergie se coula dans mon bras qui se mit à trembler irrésistiblement. « Vite, s'exclama Ricardo, du papier et un crayon ! Il va écrire ! »

Je dessinai le plan d'une île que je ne connaissais pas. Je ne pouvais contrôler l'émotion négative qui me remuait. Dans sa furie, l'indigène affirmait que nous avions profané un sanctuaire et que, par le passé, il avait été exproprié de ses terres. Rosa me regarda d'une étrange manière. J'étais en train de perturber le début de sa soirée, incapable de maîtriser le flot de rage qui s'emparait de moi. C'était d'une force incroyable. Une énergie puissante entrait dans mon ventre, percutait mon plexus solaire. Je vacillai et perdis aussitôt connaissance.

À mon réveil, je n'étais plus assis sur mon tabouret, mais étendu à même le sol. Isabelle et Ricardo récitaient des prières. Ils pratiquaient, l'un après l'autre, la technique du bouche-à-bouche. Dès que je fus en état d'entendre, je sus que je n'étais pas resté longtemps inanimé, que j'avais rapidement retrouvé mes esprits. Rosa me considéra avec perplexité. Elle m'apprit que j'avais parlé un langage qui lui évoquait le *guanche*, un dialecte ibère répandu sur l'île avant sa conquête par les Espagnols, à la fin du XVe siècle.

Tout cela se passait à proximité d'un amphithéâtre où le spectacle de western avait depuis longtemps commencé. Choc des époques et des civilisations !

Ce fut comme si la mort s'était approchée de moi. En repensant à cet incident, je me dis encore aujourd'hui que j'ai connu cette fois-là les foudres d'un grand danger. J'en conclus que j'avais été protégé. Cette force qui m'avait possédé me marquerait à jamais comme l'empreinte d'un fer rouge. Avais-je été contacté par le *bas astral* ? Je le crois, car un esprit s'attachant à la terre où il avait vécu n'aurait pu évoluer dans un état vibratoire plus élevé. Avec le recul, je suis certain que j'avais fait tout ce qui était en mon pouvoir pour l'aider à chasser cette colère du plus profond de lui-même et lui permettre ensuite de rejoindre son guide spirituel et des forces bien supérieures.

Je regagnai la France avec la certitude que je pouvais être incorporé par un esprit. Il me fallait donc prier Dieu et mes guides pour être protégé.

Le quotidien reprit son cours normal. Progressivement, je constatai que la vie avec Ricardo n'était pas celle que j'attendais. Je lui étais certes attaché, mais, sur le plan intellectuel, je ressentais toujours un grand manque d'échange et de compréhension. Je me rendis assez vite compte que j'étais entré dans cette relation pour de mauvaises raisons, au moins dans le domaine spirituel. J'avais agi pour combler un manque et fuir la solitude, même si j'éprouvais pour lui une réelle affection. Je devais aussi beaucoup le materner.

Nous étions quelquefois accueillis chez mes parents. C'était une période de paix avec mon père qui, par égard envers ma mère, acceptait temporairement mon compagnon.

Une terrible vision

Un jour terrible s'annonça. J'étais au magasin, occupé à des tâches routinières, quand une angoisse monta en moi sans raison apparente. J'eus la vision d'un corbillard devant la maison de mes parents. Cette scène, je la rejetai. Je ne voulais pas la voir. Maman était allongée sur un lit et me montrait son ventre puis ses mains couvertes de sang. Deux fois, elle me fit ce geste. L'émotion fut si forte que j'éclatai en sanglots. Ma marraine, qui nous rendait visite à ce moment, s'alarma, me demandant la raison de ces pleurs. « Je viens de voir la mort de maman, l'être que j'aime le plus au monde.

— Tu te trompes sans doute, Alain, ta mère est en pleine santé ! »

Je chassai aussitôt cette vision. Elle m'était trop pénible et je ne voulais y croire. Ce don continuait à me faire souffrir, il fallait m'en débarrasser. Ce n'était pas la première fois que je voyais le départ d'un proche ; d'abord ma grand-mère, ensuite mon premier compagnon. Était-ce à présent le tour de l'être qui m'était le plus précieux, avec lequel j'entretenais une relation fusionnelle ? Elle m'avait élevé avec tout son amour. Je ne pouvais admettre son départ. C'était impossible, d'une insurmontable cruauté.

Il s'agissait à ce moment du plus grand malheur qui puisse m'arriver.

Aujourd'hui, je reste convaincu que ce lourd fardeau que représente le fait de voir à l'avance la mort d'un proche ou d'un tiers est à considérer comme un cadeau, l'opportunité de faire ses adieux à la personne qui va partir, l'occasion de la choyer et de l'entourer d'amour. Pour le médium, c'est aussi la possibilité de se préparer à ce départ qu'il faut inévitablement accepter.

Il me fallut longtemps pour le comprendre. J'ai préféré, à l'époque, effacer de mon esprit ce départ pourtant inéluctable. Inutile de dire combien j'ai culpabilisé d'avoir traité cette vision à la légère.

En péril

Je constatai, trois mois plus tard, que j'étais de plus en plus fatigué. Mon médecin fit un diagnostic alarmant : ma santé se détériorait. Je finis par tomber dans un état critique. Ma famille pensait que j'allais mourir.

Je me séparai en toute hâte de mon magasin et enchaînai, sans conviction, une série d'examens à l'hôpital. Je revois encore ma mère me sermonnant dans la salle d'attente. Elle estimait que j'abandonnais le combat. Cela lui était insupportable. À sa colère contre moi, je n'avais à opposer qu'un seul argument : « Si c'est mon heure, il me faudra accepter de partir ! »

Ce n'était pas la première fois que j'envisageais la mort. Elle m'accompagnait en pensée depuis mon enfance. À deux reprises, elle m'avait sérieusement approché. C'était à Bordeaux, quand j'avais décidé d'en finir, puis durant la période de ma dépression aggravée. Elle s'était ensuite éloignée, mais cette fois-ci elle me frôlait vraiment. J'étais, comme le dirait plus tard un chirurgien, « sur le fil du rasoir, à deux doigts de la mort physique». Ma mère m'avoua plusieurs fois que j'étais un *miraculé*.

Mon médecin me parla d'un traitement, mis au point par une sommité médicale, qu'il attendait dans les semaines à venir. Ce fut une période d'angoisse interminable car ma survie était en suspens. Chaque jour qui passait était une victoire sur la mort. Finalement, le médicament arriva, je commençai à le prendre et ma santé s'améliora. J'avais l'impression de renaître. Une nouvelle fois, je remerciai Dieu.

Je consommais une nourriture équilibrée et récupérais progressivement mes forces. Je revenais de loin. Mais j'allais avoir très peu de répit durant l'année 1996 : ce fut l'année la plus sombre de ma vie.

Le départ de ma mère

Le dynamisme était là. Mes forces ne se dérobaient plus. J'aimais me retrouver en famille dans une atmosphère apaisée. Puis vint un jour où l'humeur de mon père se mit à virer. Il n'acceptait plus de me recevoir avec mon ami. Le passé remontait à la surface et, avec lui, le souvenir des jours sombres. Le naturel revenait au galop. La guerre était à nouveau déclarée.

La mort m'avait frôlé de près mais il n'en tenait aucun compte. Sa capacité d'oubli était déconcertante. Ma mère me fit alors cette confidence sur le seuil du jardin : « Jamais il ne se résoudra à t'accepter, il ne veut plus te recevoir. »

Je lui dis que ma relation avec lui en était définitivement compromise. Je n'allais pas supporter ses états d'âme toute ma vie. Je ne mettrais plus jamais les pieds à la maison. Elle en fut très peinée car elle devait subir une intervention chirurgicale lourde, et elle aurait aimé nous réunir avant. Elle me précisa qu'il s'agissait d'une opération du foie. Je lui promis d'aller la voir à l'hôpital, à Brest. Elle espérait nous revoir avant son admission. Je pense qu'elle avait l'intuition qu'elle allait partir.

Je lui téléphonai dès son arrivée à l'hôpital de la Cavale Blanche et lui proposai de venir la rejoindre. Je me renseignai sur les horaires des visites, mais il était trop tard pour qu'on me laisse entrer dans sa chambre. Le lendemain, elle était en réanimation. Il fallait enfiler une blouse pour pouvoir s'approcher de son lit. Maman était plongée dans le coma. Elle ne reprit connaissance qu'une seule fois.

C'est alors que les visions que j'avais eues au magasin me revinrent à l'esprit. Mais je refusais qu'elle s'en aille, Dieu ne pouvait l'admettre. J'errais comme une âme en peine dans les rues de Brest entre deux visites. Trois fois par jour, je faisais l'aller et retour entre Quimper et l'hôpital dans un état de grand abattement. Je garde le souvenir d'une journée où j'entrai dans une église en priant Dieu qu'elle ne quitte pas ce monde. Mais j'étais convaincu que mes prières ne seraient pas entendues.

Elle se réveilla la veille de mon anniversaire en questionnant les infirmières : « Quelle date sommes-nous ? » Elle fut soulagée de ne pas l'avoir manqué. J'arrivai quelque temps plus tard. Les pronostics médicaux se révélèrent meilleurs. J'étais heureux de la voir réveillée. Lorsque je l'embrassai, mon regard croisa le sien. Comme les larmes me montaient aux yeux, je tournai la tête. Elle allait mieux mais je savais que sa santé se détériorait et qu'elle allait partir. Bien sûr, elle ne devait rien lire sur mon visage. C'était affreusement pénible de composer ce rôle de fils absolument confiant car je la savais en sursis et mon cœur en était brisé. Je devais paraître fort alors que je la voyais s'éloigner, irréversiblement, sans aucun moyen de la retenir et sans le soutien de personne. Jamais je ne m'étais senti aussi seul, aussi profondément désespéré, si démuni alors qu'elle était le seul être que je voulais sauver. Mes pensées repassaient le film de nos misères. Je revoyais ses larmes dans le froid et la pluie où mon père nous avait jetés. Elle me réchauffait contre sa poitrine, ses bras enlacés comme les branches d'un arbre que rien ne peut briser. Je pleurais, mais ces larmes étaient retenues dans ma gorge. Je souriais. Il fallait qu'elle me voie sourire. Lorsque je quittai la chambre, mon père me croisa, me lançant ses regards malveillants. Il était devenu un ennemi.

Dans le vestiaire à côté de la salle de réanimation, il essaya de m'empêcher de voir ma mère. Elle allait mieux, me disait-il. La nuit tombée, je demeurai dans la chambre. Elle s'agita ; du sang rougissait ses mains. Elle avait fait une hémorragie. L'affreuse vision que j'avais eue un an plus tôt se concrétisait. Elle me demanda de la sortir de l'hôpital avant de replonger dans le coma. Elle devait subir une nouvelle intervention. Je me mis à pleurer en hurlant de douleur dans les couloirs de l'hôpital. Je me sentis encore plus seul que je ne l'avais jamais été. J'allais perdre ma mère, l'être le plus précieux au monde.

Avant-signes de l'au-delà

Dans mon appartement, j'avais disposé sur une étagère en verre, à l'intérieur d'une niche, deux vases de cristal. Deux jours avant que ma mère sombre dans le coma, je me trouvais seul, au milieu du séjour, quand soudain je vis les deux vases tomber et se briser en mille éclats. Je sursautai mais je me trouvais dans un tel état de souffrance que je n'y prêtai pas davantage attention.

Le lendemain, à la même heure, trois de nos voitures tombèrent en panne. Je passais près de l'église Saint-Mathieu à Quimper quand mon véhicule cala. Au même moment, ma sœur essayait de démarrer le sien, en vain. De son côté, mon père constatait que le réservoir de sa voiture avait été crevé par un tournevis ! Que penser de tout cela ? J'imagine qu'il s'agissait d'avertissements. J'étais prévenu que rien n'allait s'arranger.

Une fois de plus, j'étais seul auprès de ma mère, en salle de réanimation. Les médecins avaient pris la décision de m'appeler car elle était au plus mal. L'une de mes visions se réalisa : j'étais le premier présent avant son départ. Au moment où elle rendit son dernier soupir, j'eus la respiration coupée. Mon père, toujours aussi aimable, me demanda d'arrêter mon cinéma ! Je restai seul près de son corps dans la chambre d'hôpital. Son esprit était là, je le savais. Dans le brouillard où je me trouvais, je lui demandai : « Maman, va vers la lumière, mais avant de partir vraiment, s'il te plaît, fais-moi un signe. » Je souffrais tellement que je fus incapable de seconder ma sœur dans les préparatifs des obsèques.

Ce signe que je lui avais adressé, je savais qu'il reviendrait vers moi accompagné de bienveillance.

Après-signes de l'au-delà

Une soixantaine de personnes était assemblée dans la maison de mes parents autour du cercueil. Nous étions recueillis. Le lendemain, on enterrait maman.

À ma gauche se tenaient ma sœur et mon père, tous deux absorbés dans un profond silence. Brusquement, dans un état second, je dis à Françoise: « Maman est là, elle va nous faire un signe, elle attend les prières. » Ma sœur me regarda sans voix. Le prêtre qui avait fait son entrée ouvrit le livre de prières et entama le Notre-Père lorsque les lumières s'éteignirent. Elles se rallumèrent presque aussitôt puis s'éteignirent encore. Après quelques interruptions, les ampoules finirent par éclairer la pièce. Tout le monde en fut surpris, à l'exception de ceux qui connaissaient mon don.

J'étais abruti par la douleur mais j'avais compris, à cet instant, que ma mère nous envoyait un signe. Elle avait entendu mon message et venait d'y répondre. Nous étions au commencement d'une correspondance qui déjouait les frontières du visible.

Je conservais chez moi un beau pull que je lui avais offert. Celui-ci changea de place le jour de son enterrement.

Le comportement de mon père durant l'inhumation, mais aussi tout au long des jours qui précédèrent et suivirent les obsèques, fut inqualifiable. Il fit preuve d'une méchanceté inouïe. Je n'avais décidément d'autre choix que de m'en éloigner, et à grands pas.

Ma mère et moi étions si proches. On se téléphonait plusieurs fois par jour. Il arrivait que nos conversations se traduisent en disputes et alors on se raccrochait au nez. Mais l'amour que l'on se portait n'en était jamais affecté. Je savais depuis longtemps qu'au jour de son départ ma vie serait totalement bouleversée. Rien ne serait plus comme avant.

Quelque chose se produisit peu de temps après son décès. Une nuit, je rêvai qu'elle m'avait prévenu d'un coup de fil et je fus réveillé par une sonnerie bizarre ; le tintement était très long. J'essayais de me rendormir quand la sonnerie retentit de nouveau. Cela dura longtemps et le bruit était inhabituel. Je me levai promptement : le téléphone sonnait, mais au moment de l'atteindre le combiné se tut. Je devinai que ma mère avait cherché à attirer mon attention. Elle voulait me dire qu'elle était là, toujours à mes côtés, bien résolue à ce que l'on continue de communiquer.

Souvent, elle vient me rassurer, m'aider dans la tâche qui m'incombe. Elle me demande de penser d'une manière positive, car il arrive que mes visions me dépriment quand elles sont pessimistes. La souffrance que je capte chez mes prochains peut constituer une lourde charge. Je dois me dégager de cet effet pervers pour avancer paisiblement ; alors, maman me réclame de prier pour élever mes vibrations.

Elle m'a dit qu'elle était heureuse après son départ et m'a fait savoir, avec une belle insistance, qu'elle rayonnait dans une énergie d'amour et de lumière.

Lorsqu'elle était en vie, ma mère entourait de ses soins et de toute son attention les personnes âgées. Corps et âme, elle prodiguait le bien autour d'elle. Dans l'au-delà, elle continue à les aider. J'ai reçu d'elle un message médiumnique m'informant qu'elle avait de grandes responsabilités. Sa mission était d'accueillir dans l'amour les défunts qui avaient connu sur terre une longue durée de vie. Elle les accueillait avec beaucoup de précautions afin qu'ils se réveillent sans heurts. Sans doute agissait-elle ainsi pour leur permettre de se dégager de la matière. Elle conserve la même mission qu'ici-bas mais en disposant de plus d'aisance.

Elle me parle de la compassion que l'on doit éprouver envers son prochain, de la tolérance, du respect et de l'abnégation pour aider les autres de n'importe quelle manière. Elle me dit l'amour que l'on doit ressentir pour Dieu qui ne nous quitte jamais. Elle me recommande d'avoir foi en lui.

Tant de bénéfiques messages nécessitent d'être appliqués. Ce qui n'est pas toujours simple car cela suppose un élan constant du cœur, un épanchement de soi vers l'autre, une disponibilité sans faille. Être *meilleur* est un combat que nous devons mener contre nous-mêmes. Il y faut de la volonté, mais nous pouvons y arriver, surtout grâce à la méditation.

Son départ bouleversa ma vie. Le fait d'avoir une fois de plus côtoyé la mort me conforta dans le désir de faire de nouveaux choix. Je sortis petit à petit de cette souffrance et décidai de rompre avec Ricardo. Je n'étais pas heureux et mes sentiments avaient changé. Il n'est jamais facile de quitter quelqu'un et ce n'est pas sans un certain sentiment de culpabilité que je l'ai fait. C'était une épreuve, mais j'en avais décidé ainsi.

Régressions dans les vies antérieures

Après cette difficile rupture, il m'arrivait de m'allonger sur mon lit pour me détendre. Un jour, en faisant quelques respirations, je me suis senti littéralement *partir*, quitter mon corps, et cela me fit peur. À cette période, j'étais en pleine introspection. Je croyais en la réincarnation, je faisais des rêves récurrents sur la dernière guerre. Je voyais une traction noire, également un cloître. Je savais que je ne pourrais évoluer dans cette vie qu'en extériorisant toutes les souffrances qui s'étaient accumulées en moi.

Je fis la connaissance d'une thérapeute, dans le Morbihan, qui me proposa de m'aider. Il s'agissait, par le moyen d'une méthode de relaxation, de retourner dans ma vie passée pour revivre ces expériences pénibles et en guérir. Je fus amené à explorer mes vies antérieures afin de mieux comprendre mon évolution spirituelle. Ce fut un travail fort intéressant. Dans un état modifié de conscience, je revécus certains épisodes de la Seconde Guerre mondiale, puis une vie passée dans un monastère où, possédant déjà ce don, j'avais été conduit à aider les autres. J'en déduisis que j'avais alors perdu le sens des réalités, que mon esprit n'était pas assez ancré dans le monde matériel.

Je retrouvai également le chapitre de ma vie avec Ricardo et réussis à me libérer d'une culpabilité pesante. Je n'avais pas totalement fait le deuil de ma mère et, en particulier, celui de sa présence physique. Je dialoguais de temps en temps avec son esprit. Cela me permettait d'avancer. Ce qui étonnait cette thérapeute, c'est que je répondais à ses questions avant même qu'elle me les pose !

Ce travail de « régression », je l'effectue aujourd'hui avec les personnes qui désirent évoluer, se libérer de souffrances et de bagages un peu lourds. Dans les banques mémorielles de notre subconscient sont inscrits tous les événements que nous avons vécus depuis notre naissance. L'exercice consiste à les réveiller et, par un processus de guérison spirituelle, à laisser s'échapper toutes leurs vibrations négatives, qu'elles soient survenues dans cette vie-ci ou dans une vie antérieure. Alors, la personne se sent soulagée d'un grand poids et elle peut repartir d'un bon pied.

Nous disposons tous de plusieurs vies, et nous revenons sur terre pour évoluer sur le plan spirituel. Cela ne peut se faire sans souffrance. Avant de revenir sur terre, accompagné de notre guide spirituel, nous choisissons les grandes lignes de notre vie terrestre pour comprendre et grandir, vivre des expériences, en nous rappelant que nous ne formons qu'*un* avec Dieu. Peu importe nos croyances ou nos religions, la vérité ultime est le message suivant : nous devons nous aimer les uns les autres ; nous devons trouver chez l'autre la parcelle de Dieu qui est en lui.

Faire un travail sur soi, c'est apprendre à progresser en ayant conscience de l'état de son âme et du chemin à parcourir.

Poursuite des expériences

Une visite au cours d'un repas

De temps à autre, j'éprouvais le besoin de changer d'air. J'avais envie de prendre l'avion pour rejoindre l'archipel espagnol. Il me fallait le repos des îles Canaries et son soleil réparateur. Les épreuves n'avaient guère cessé depuis mon dernier séjour. Finiraient-elles par s'arrêter ?

J'étais au restaurant avec Barbara et nous passions une très agréable soirée quand je fus contacté par l'esprit de sa grand-mère. Elle s'était présentée et je la voyais. Elle me fit part d'un épisode de la Seconde Guerre mondiale où elle avait été obligée de quitter Berlin à pied avec sa fille. Un revolver était dissimulé dans un panier d'osier. Elles avaient peur. Elles marchaient sans ménager leur peine. L'arme avait ensuite été soigneusement cachée et cela constituait un petit secret de famille.

Je racontai cette suite de détails à Barbara, qui en fut émue et me confia qu'elle connaissait l'histoire. Sa grand-mère venait de me donner une preuve de sa présence en même temps qu'un message d'amour.

Visions du passé

Ces vacances espérées n'annonçaient pas une période de pure distraction. Deux jours plus tard, en effet, au cours d'une soirée avec mon amie, une scène se déroula sous mes yeux, en plein milieu du repas. Je sentis mon visage pâlir. Je me trouvais au bord d'une falaise, à proximité d'une femme qui tenait un bébé dans ses bras, tandis que deux hommes se battaient, vêtus à la mode d'une autre époque. Dans un mouvement brusque, la femme tendit les bras et jeta le bébé dans le vide. J'étais transi d'effroi et voulus m'enfuir aussitôt.

En arrivant sur le parking, nous découvrîmes que le restaurant se dressait au sommet d'une falaise. Je ne l'avais pas remarqué. À cette déplaisante occasion, je constatai que je pouvais, dans certaines circonstances, revivre des événements passés. Barbara fit des recherches et confirma qu'une bataille avait eu lieu, à cet endroit, au temps des conquistadors. Je continuais malgré moi à expérimenter mes facultés. Une scène s'était imposée à moi, elle appartenait au passé de ce lieu, ce qui signifiait que j'étais en mesure de capter les vibrations négatives dont un endroit était encore imprégné.

Un jour que je me trouvais dans mon appartement quimpérois, absorbé par l'écoute d'une musique spirituelle, je ressentis autour de moi la présence de plusieurs esprits. J'éprouvai le désir de toucher le buffet de ma grand-mère, un meuble que j'avais conservé précieusement, et fus alors projeté dans mon enfance. C'était un doux retour dans mon jeune âge. Car j'étais tout petit devant le buffet où Soize cachait les gâteaux et les crêpes qui me faisaient envie ; il lui arrivait de me gronder car toujours je finissais par les trouver. Cette scène de gourmandise, je venais de la revivre distinctement. Le poids des ans s'était soudainement allégé. J'étais l'enfant dans la maison de Soize. Il avait suffi que mes doigts effleurent le bois du vieux buffet. Ainsi, les visions ne sont pas toutes chargées de mauvaises impressions. Il arrive, comme dans cet exemple, qu'elles nous rappellent au meilleur de la vie.

Une indélicatesse

Au fil du temps, je constatai que le fait d'avoir dans mon entourage des gens qui connaissaient mes facultés pouvait me desservir. Je passais une délicieuse soirée avec des amis dans le séjour de mon appartement quand je sentis baisser la température de mon corps et une insondable mélancolie m'envahir. Je ressentis la présence d'un esprit que je pouvais vaguement distinguer, et sus dans l'instant qu'il s'agissait d'une femme. L'explication me fut donnée plus tard. L'une des invitées s'était éclipsée dans la pièce voisine et avait allumé un cierge en appelant sa sœur au moyen de prières. Elle l'avait ainsi attirée à moi. Un ami eut le réflexe d'intervenir pour mettre un terme à ce contact.

La température de mon corps peut soudainement varier. C'est une sensation désagréable qui annonce généralement une incorporation. L'indélicatesse de cette femme ayant agi sans réfléchir me fit prendre conscience que c'est souvent le médium que les gens recherchent et non l'ami, avec sa personnalité, ses qualités et ses défauts. Un être tout à fait comme les autres, quoi !

Un message sympathique

Un jour que je roulais vers Brest, j'entendis sur le pont d'Iroise : « Ici, dans cette ville, se trouve une personne qui aura beaucoup d'importance dans ta vie. » Tiens donc ! Pour une fois, on m'annonçait une bonne nouvelle ! Quelques jours plus tard, au cours d'une soirée brestoise, je rencontrai la personne annoncée.

Je savais d'expérience que les débuts d'une relation importante prenaient souvent un tour difficile. On chercherait certainement à me déstabiliser. C'était toujours pour l'autre une mise à l'épreuve. Il n'est pas évident de se déclarer médium, surtout lorsque l'on découvre, en face de soi, une personnalité cartésienne. Il était déjà arrivé que l'on me laisse en plan en apprenant cela.

Une soirée mouvementée

Je connaissais depuis peu mon nouvel ami et nous passions une agréable soirée lorsque je ressentis plusieurs présences à mes côtés. Je ne voulais pas entrer en contact avec elles et refusai fermement tout dialogue. Nous étions allongés sur le lit et regardions un film, quand notre attention fut attirée par des bruits de pas. Philippe m'interrogea : « Tu entends ? » Je souhaitais qu'on me laisse tranquille tout en craignant que le phénomène s'accentue. J'allai donc dans la cuisine, d'où provenaient les bruits, et demandai à ce qu'ils cessent immédiatement. Les pas stoppèrent aussitôt. Mais, dès que je fus reparti, le bruit s'amplifia, comme si plusieurs personnes s'apprêtaient à entrer dans la chambre. Philippe n'en croyait pas ses oreilles. Pour me rendre à la cuisine, je devais traverser tout l'appartement, ce qui ne me rassurait guère. Je tentai de me tranquilliser en me disant que les pas finiraient par s'éloigner. À ce moment, j'étais convaincu qu'on voulait déstabiliser mon ami. Dans la cuisine, nous entendions des coups portés à l'intérieur des meubles. Fort heureusement, Philippe gardait son sang-froid et ne montrait aucun signe de frayeur. Au bout d'un long moment, les bruits de pas et les coups dans les meublent se turent.

C'était une belle entrée en matière pour inaugurer une nouvelle rencontre! À partir de ce jour, mon ami commença à se poser quelques questions.

Deux anecdotes

Nous étions à la pointe Saint-Mathieu et nous nous promenions parmi les ruines de l'ancienne abbaye. Comme je passais sous une voûte, j'entendis clairement: «Ici, on a découvert un crâne.» Je livrai cette information à mon ami qui me regarda avec des yeux ronds. C'était la première fois que je visitais ce site. Je ne connaissais rien de son histoire. Nous rejoignîmes un bâtiment dans lequel un diaporama retraçait la chronologie de l'endroit. Les commentaires qui l'accompagnaient ne manquèrent pas de nous surprendre : « Ici, on a découvert un crâne. » Les mots étaient exactement semblables à ceux que j'avais captés.

Depuis quelques années déjà, je vivais avec mon chien Elliott. Il avait un sacré caractère et possédait une intelligence qui le rendait encore plus attachant. Ma maman le connaissait du temps où elle vivait encore. Un jour, je remarquai qu'avant que j'entre en communication avec elle, et d'ailleurs avec tout autre esprit, Elliott s'asseyait dans la pièce et regardait souvent en l'air, à un endroit bien précis. Quelquefois, il penchait la tête, et se mettait à aboyer. Il me parut alors évident que, tout comme moi, mon chien devinait les esprits.

Quelques réflexions

Au fil des expériences, je constatai que plusieurs cas de figure étaient possibles.

Je pouvais voir les esprits, les décrire, mais je pouvais aussi les entendre ainsi que leurs manifestations. Dès qu'ils se présentaient, je ressentais leur énergie jusque dans mon corps et je pouvais ainsi connaître ce que l'on appelle l'incorporation. Ils me faisaient également ressentir leur personnalité dans leurs manières de me parler et me transmettaient les émotions liées à leur départ. Chaque contact médiumnique me laisse bien souvent dans un état de fatigue intense.

De la même façon, si je me trouve sur un lieu historique, il m'est possible de voir les scènes du passé, du fait des vibrations qui continuent de se dégager de cet endroit. C'est comme un film qui se déroule sous mes yeux. Par ailleurs, l'information qui m'est transmise peut concerner des visions du futur autant que du passé.

J'ai naguère demandé à Dieu, et à mon guide spirituel, d'avoir un jour des preuves matérielles de l'au-delà que je pourrais montrer et partager avec ceux qui souffrent de la perte d'un être cher. Mon guide m'a toujours répondu : « Il faut que tu le mérites. »

Hélène Bouvier m'avait assuré que mes capacités médiumniques se développeraient avec le temps et que, si je progressais suffisamment, quelque chose de beau m'attendrait.

Preuves matérielles de l'au-delà

Un été, mon amie Barbara vint me rendre visite. C'était en juillet, le mois des Fêtes de Cornouaille à Quimper. Depuis mon appartement, on pouvait voir le défilé. Je voulus en faire profiter mes amis puis j'organisai une petite soirée en l'honneur de Barbara. La veille de l'événement, nous prenions l'apéritif en sa compagnie et celle d'un ami quand l'esprit de Soize se présenta à moi : « Mon petit-fils, me dit-elle, demain tu fais une soirée, nous serons tous là. » Je répercutai ses propos à mes amis qui s'exclamèrent : « Eh bien toi, alors ! » J'espérais que tout irait bien.

Nous passâmes l'après-midi du lendemain au balcon, surplombant avec plaisir les cortèges. Barbara s'émerveillait au passage des musiciens et de leurs costumes. Ma salle de séjour était garnie de meubles rustiques ayant pour moi une valeur sentimentale. Il s'y trouvait un buffet vitré, une vieille armoire bretonne, une table entourée de chaises anciennes et un canapé rouge au-dessus duquel trônait le portrait de ma grand-mère avec sa grande coiffe du dimanche. Un miroir ovale était appuyé sur un chevalet. Le soir tombait et les invités arrivaient les uns après les autres tandis que je vaquais aux préparatifs en éprouvant une étrange sensation de fatigue. Des bougies étaient allumées. J'avais l'esprit *ailleurs*.

Par-dessus tout, je cherchais à me protéger en usant de barrières mentales. C'était un soir que je voulais dédier à mes amis et je m'efforçais de ne rien capter qui soit extérieur à la soirée. Cela marche parfois. Bref, je refusais d'entrer en contact avec quiconque.

Le message de la veille demeurait présent à mon esprit et je m'attendais à tout moment à une manifestation qui ferait désordre. La soirée se terminait. Je constatais avec soulagement qu'aucun message, aucune vision, pas un bruit ne l'avaient perturbée. Nous prenions des photos pour fixer le souvenir de ces formidables instants.

Quel ne fut pas mon étonnement en découvrant, quelques jours plus tard, le tirage des bobines que j'avais déposées chez le photographe ! On voyait apparaître des esprits qui dansaient autour du portrait de ma grand-mère et, très précisément, un personnage recouvert d'une sorte de capuche. Le visage d'un homme se reflétait dans la vitre du buffet, et une énergie représentant la coiffe de ma grand-mère bigouden se dessinait dans le miroir. Elle variait en largeur selon les clichés. De la même façon, on distinguait, sur le carreau d'une porte-fenêtre, une figure indéniablement masculine.

Moi qui souhaitais des preuves de l'au-delà, j'étais servi ! C'était un extraordinaire cadeau de Dieu. Lorsque la surprise fut passée, je m'interrogeai sur ces présences attestées par la pellicule. Qui étaient ces personnages ? L'explication me serait fournie au cours d'une communication.

Autour du portrait de Soize, je remarquai le visage d'un homme portant barbiche, mais aussi l'esprit d'une femme qui disait s'appeler Jeanne. Elle était habillée d'une pèlerine à capuche. Je me souvenais qu'on nommait *mantel*, ou cape de deuil, un vêtement porté autrefois par les femmes en certaines circonstances. La coiffe bigouden était moins haute qu'elle ne l'avait été à partir des années 1980. Elle permettait alors de rabattre sur la tête une protection en étoffe légère. Jeanne nous apparaissait bien sûr *en transparence,* qui est *l'énergie de l'esprit.* On me dit que l'un de mes guides spirituels s'était reflété dans la vitre du buffet. Son visage, un peu dur, s'y dessinait et l'on distinguait un long nez blanc, l'œil gauche, la moitié d'une barbiche. Une tache sombre au-dessus de sa tête ressemblait à un chapeau. On pouvait voir sur le parquet une énergie blanche. Autour du portrait, plusieurs visages se devinaient, comme animés par une danse. Et que tout cela avait eu lieu durant la période des Fêtes de Cornouaille. Était-ce un clin d'œil ou un cadeau que l'on me demandait de partager ?

Il m'a fallu du temps pour achever ce livre. Tandis que je l'écrivais, mes guides m'adressaient souvent ce message : « Tu n'avances pas assez vite ! » Quelquefois, et j'y percevais une nuance d'humour, on me reprochait d'être « un peu fainéant ». Toujours on insistait sur la nécessité qu'il y avait à témoigner de mes expériences afin d'éveiller les consciences à une existence après la mort.

Comme j'allais mettre un point final à mon ouvrage, mon guide spirituel me fit remarquer que j'avais oublié un esprit sur une photo ! Il apparaissait sur la vitre d'une grande fenêtre et nous observait de l'extérieur. Il se trouvait donc du côté de la rue et comme suspendu dans le vide. On apercevait un visage un peu long, le menton n'était pas rasé. L'homme était revêtu, comme de son vivant, d'une chemise avec sa cravate nouée au cou que couvrait une veste. J'en conclus qu'il s'agissait d'un esprit non encore libéré de ses habitudes terrestres.

J'avais reçu ces photos comme un cadeau du ciel et remerciai mes guides du fond du cœur, ainsi que les esprits qui avaient participé à ces manifestations matérielles. Car, pour eux, je le savais, agir sur la matière exigeait de grands efforts de concentration. Ces images sont pour moi la preuve d'une existence après la mort.

Il y eut un jour où l'exercice d'écrire était plus difficile. J'étais en panne quand, d'une manière inattendue, je reçus un message d'encouragement :

« Je suis ton guide Gabriel. Avance petit à petit dans ce projet, prends ton temps, ne précipite rien, sois structuré, va au but, décris les sentiments, les épreuves, l'évolution de ton don à travers la vie. Tu destines ce livre à ceux qui possèdent aussi ces facultés – explique-leur combien il est difficile de les maîtriser et de les comprendre au début, et qu'il faut avoir confiance –, mais aussi à tous ceux qui s'intéressent à la spiritualité. Tu dois progresser pas à pas ; chaque chapitre, chaque événement lié au paranormal doit être très bien décrit.

À côté de cela, tu dresses le tableau de ta vie, c'est important. Tu dois parler de ta relation avec ceux que tu aimes et ceux qui sont partis dans l'au-delà. Décris ton don, établis un plan et tu verras, cela viendra facilement. Nous t'aiderons. »

Des voix sur une cassette

Je pensais souvent aux miens partis dans l'au-delà, et toujours survenait l'énergie qui prenait possession de mon bras et me faisait écrire. Maman me contactait au fil de l'écriture, et je pouvais l'entendre physiquement (oreilles) et mentalement : « Laisse ton vieux magnétophone allumé. On te parlera. »

J'étais occupé, et j'avais oublié ces paroles, mais un jour que je regardais *Au-delà de nos rêves*, le film de Vincent Ward avec Robin Williams qui reste, selon moi, le meilleur témoignage sur l'au-delà, je voulus enregistrer la musique qui l'accompagne. J'étais allongé sur mon lit, en train de visionner le film, lorsque mes pensées se dirigèrent vers ma maman. Je me mis alors à lui dire : « Tu vois, maman, j'aimerais qu'on se retrouve dans un jardin, je traverserais un pont et tu m'attendrais avec les chiens et tout le monde de l'autre côté. »

Cette pensée généra en moi une émotion pleine d'amour et de mélancolie, et je sentis que je n'étais plus seul dans la chambre. Je me levai pour enregistrer sur un magnétophone la musique d'*Au-delà de nos rêves*. Une fois cette opération terminée, je fis revenir la cassette en arrière pour écouter la bande-son du film. On y entendait la musique mêlée à des grésillements, comme si on cherchait à effacer la bande. Je m'interrogeai sur ces accidents acoustiques quand une voix me parvint : « Alain, Alain… » C'était une voix sans timbre. Puis, retournant la cassette, j'entendis cette phrase pour le moins déconcertante : « Parle-nous !… » J'étais tout à la fois euphorique et tétanisé. Je n'avais pas immédiatement compris qu'on attendait de moi que je pose des questions.

Je n'en revenais pas d'avoir obtenu ce cadeau supplémentaire. Philippe me fit admettre que c'était logique, étant médium, que de nouvelles possibilités étaient peut-être sur le point de s'offrir à moi. Cependant, je ne donnai pas suite à ces expériences avec l'au-delà.

Alors que deux années s'étaient écoulées, je fis, à l'occasion d'une conférence, la rencontre d'une médium qui me confia ceci : « Je vois à côté de vous un esprit qui a la tête fracassée. C'est l'esprit d'un jeune homme que vous avez beaucoup aidé. » J'en fus très étonné, ne voyant pas de qui elle pouvait parler mais, en y réfléchissant, je pensai à un esprit qui par deux fois était apparu à mon bureau dans un message médiumnique, avec sa mère et sa sœur. Elle précisa : « Il y en a qui reçoivent de l'aide de l'au-delà et qui ne savent pas remercier ! »

Ce message signifiait assurément que je ne remerciais pas assez.

De retour chez moi, je décidai de m'isoler dans mon bureau pour contacter mes guides afin d'obtenir d'eux plus de renseignements. La révélation de ma consœur me souciait. La mère et la sœur du jeune homme n'étaient plus à côté de moi, mais d'ailleurs pourquoi seraient-ils toujours là ? J'entrepris de recourir à mon magnétophone et glissai une cassette dans laquelle j'espérais que viendrait se fixer un message. Cela fait, j'envisageais de poser cette question à mes guides : « L'esprit de ce jeune homme est-il toujours présent ? » Je ne voyais ni n'entendais rien. Mon attente fut étrangement récompensée lorsque, rembobinant la cassette, et cela avant même que ma question fut posée, j'entendis d'une voix bien claire : « Il me semble ! » C'était, depuis l'au-delà, l'un de mes guides qui répondait.

Le message était très précis : ce jeune homme était venu me remercier de mon aide, un de mes guides matérialisait sa voix pour manifester sa présence à mes côtés. Ce cadeau, je suis heureux de le partager avec vous !

Je pris cette expérience comme un encouragement à poursuivre d'autres communications avec l'au-delà, afin de prouver encore son existence d'une autre manière.

Le départ de mon chien

J'étais très attaché à Elliott. Je savais que mon chien âgé de quatorze ans allait bientôt partir. Sa souffrance physique était devenue intolérable et je dus consulter un vétérinaire pour y mettre un terme.

L'euthanasie d'Elliot fut un moment difficile et je rentrai en pleurs du cabinet vétérinaire. Son corps était dans le coffre de ma voiture et nous avions décidé, avec mon ami, de le mettre en terre dans un coin du jardin où il aurait sa tombe. Philippe me suivait au volant de son véhicule. Je m'assurai en regardant dans le rétroviseur qu'il ne s'était pas égaré en chemin quand j'entendis soudain trois halètements. À ce moment, une énergie se manifesta sous la forme de la pression d'une main posée sur mon avant-bras. Une phrase fut alors prononcée : « Ne t'inquiète pas, mon fils, je suis là ! » Mon ami, me suivant dans sa propre voiture, demandait à ma mère, au même moment, de venir accueillir Elliott.

Quand il était heureux, celui-ci avait l'habitude de haleter d'une manière particulière et je venais de l'entendre comme de son vivant.

La douleur de son départ demeure présente. Il nous manque beaucoup, mais je sais qu'il est heureux au paradis des chiens.

Un peu de temps passa et je reçus, par écriture automatique, ce message de l'un de mes guides : « Heureuse de communiquer avec toi, c'est Martine, l'un de tes guides. Nous te sentons plus réceptif depuis la mort de ton petit chien qui, je te le rappelle, gambade allègrement. Sache que tu le retrouveras un jour. »

Les animaux ont aussi une âme. De même que les humains, ils continuent à vivre dans l'au-delà. Il faut les respecter, comme toute forme de vie sur terre. S'ils ont été heureux en notre compagnie, un jour, nous les retrouverons. La preuve m'en a été donnée au cours de mes consultations.

Je reçus cette fois-là une dame qui s'interrogeait sur son avenir lorsque l'esprit de son père fit son apparition. Il dit se prénommer Marcel et me montra l'apparence qui était la sienne. Il portait des lunettes et était coiffé d'un chapeau. La dame en question identifia aussitôt son papa en me confirmant qu'il ne sortait jamais sans son couvre-chef. Je lui rapportais les détails de ce que j'avais vu, quand je ressentis une incorporation. J'avais l'impression d'étouffer et aspirais de grandes bouffées d'air pour ne pas suffoquer.

« Oui, me dit-elle, c'est ainsi qu'il a terminé ses vieux jours ! » À peine ces paroles prononcées, je fus traversé par une phrase : « Attention, ma petite, de ne pas terminer comme moi, car je te vois essoufflée quand tu montes les escaliers ! »

« C'est vrai ! », me confirma-t-elle.

Je vis alors un autre esprit qui s'approchait en me montrant sa main. Il portait à son doigt une chevalière et disait s'appeler René Pierre. C'était son beau-frère. Il était mort d'un cancer. « Je vais bien, dit-il, ne t'inquiète pas ! » Puis, aussitôt, j'entendis un aboiement et je remarquai la présence d'un chien à côté de cet esprit. « Oui, me dit cette dame, j'ai eu un dalmatien, c'est bien cela, mais il y a un autre chien. » Et à ce moment, j'entendis distinctement Kitty. Je l'en informai et elle me répondit : « Oui, oh oui ! C'était le chien de Marcel. »

Nous étions l'un et l'autre profondément émus, et mon cœur remercia Marcel et René Pierre. Ils venaient, par ce contact médiumnique, d'apporter la preuve que leurs chers petits compagnons les avaient rejoints dans l'au-delà.

Il arrive parfois que les esprits m'apparaissent avec leurs animaux. Récemment, une femme vint me consulter et je vis l'esprit de son papa. Il me présenta son apparence physique et me décrivit la façon dont il avait quitté ce monde. Il me dit « être avec Marguerite ». Sa fille souriait de bonheur devant moi. Je la renseignai sur le fait que son père me montrait une vache. « Oui, il en avait une, confirma-t-elle, l'aimait beaucoup et l'avait appelée Marguerite ! »

L'âme animale est une réalité. Quand elle vient sur terre, elle est *enfermée* dans un corps limité. Attention, en adoptant un animal, de veiller sur lui en lui donnant tout ce dont il a besoin, particulièrement lorsqu'il est malade. Vous en êtes responsable comme vous le seriez d'un enfant incapable de se guérir seul.

Nous retrouverons les animaux que nous avons aimés, à condition que ce soit d'un amour réciproque. Le lien qui nous lie à eux se poursuit dans l'au-delà. Je suis heureux de le constater quand un animal familier m'apparaît auprès de son maître.

Ma foi

Pour moi, Dieu a toujours existé et, tout au long de mon existence, cette foi ne m'a jamais quitté. Mais, au moment du départ de ma mère, j'ai cessé un temps de prier. Sans doute me suis-je à ce moment un peu détourné de Lui car il n'avait pas exaucé mes prières.

Je me suis cependant assez vite rendu compte que je devais me ressaisir parce qu'au fond de moi-même je savais que c'était le moment pour ma mère de rejoindre l'autre monde. Sachant qu'elle évoluait dans un univers d'amour, qu'elle avait été une bonne personne, dévouée aux autres, j'étais certain qu'elle méritait le paradis. Je ne devais pas être égoïste. Il m'a fallu arrêter de pleurer, sans quoi j'aurais attiré son esprit et l'aurais retenu par ma peine.

Je n'ai jamais été d'accord avec l'affirmation selon laquelle, « si Dieu existait vraiment, il n'y aurait pas toutes ces guerres, tous ces génocides dans le monde ». Dieu n'est pas responsable de la folie des hommes, ni de leurs pensées, ni de leurs agissements. Quand un être humain quitte ce monde, c'est le moment où son esprit regagne sa vraie demeure. Avant de nous réincarner, nous choisissons avec notre guide spirituel la date approximative, le lieu et les circonstances de notre futur départ.

Mais revenons à ma relation avec Dieu. Je ne priais plus qu'avant chaque consultation, et demandais à mes guides de m'assister dans mon travail. Au départ de mon chien, j'ai repris contact avec la souffrance et me suis alors à nouveau imprégné de Dieu. Je me suis remis à prier et à le remercier pour les signes obtenus. Ma foi était toujours présente, mais cependant un peu enfouie au fond de moi-même : elle a comme ressurgi à la surface, portée par un flot d'émotions. C'est alors que mes guides spirituels m'adressèrent ce message : « Je suis ton guide, celui qui apparaît dans la vitre du buffet, celui qui désespérait de te voir sortir de la routine de ta vie, celle du sommeil de ton âme, et je te dis que demain viendra le moment où tu devras partager avec les autres ton expérience de médium et les preuves matérielles de l'au-delà.

« Tu devras rester humble. Réjouis-toi de la chance que tu as et remercie Dieu d'en être arrivé là. Tu ne le fais pas assez. Il te faut prier davantage. Les prières nourrissent ta foi et élèvent les vibrations de ton esprit.

Comme tu le sais, nous sommes trois à t'aider : Gabriel, Carole, Martine. Il te faut transmettre ces informations, expliquer que nous étions des médiums qui exerçaient sur terre cette mission. »

Mais de quelle façon se déroulerait cette mission ? Je n'oubliais pas que c'était la quatrième révélation de l'esprit de ma grand-mère.

Nous l'avons vu, un médium est connecté avec des guides qui l'aident à travailler. Durant toutes ces années, il m'a été difficile de gérer ces perceptions visuelles, auditives ou mentales. À chaque contact, celles-ci s'imposaient à moi, souvent à mon insu, et cela pouvait se produire en dehors de mes consultations.

Le fait d'être en relation avec mes guides me coûtait beaucoup d'énergie. Je me retrouvais à la place de la personne qui sollicitait mon aide. Je ressentais ses émotions, ses sentiments, au détour de chaque vision évoquant un moment de sa vie. Joie ou souffrance, que celles-ci soient physiques ou morales, je devenais une éponge qui absorbait les vibrations que la personne dégageait.

Quant aux contacts avec les esprits, l'énergie déployée est encore plus importante. Plus le message est long, plus mon corps change de température au cours des consultations. Le phénomène va quelquefois très loin car, pour prouver leur présence dans mon bureau, ils me font bien souvent éprouver des troubles physiques correspondant aux causes de leur mort. Ils me font aussi ressentir leurs émotions, et c'est une forme d'incorporation qui est quelquefois éprouvante.

Ces contacts se manifestent de différentes façons. Parfois, je peux voir les esprits et les décrire, c'est un premier cas de figure. Souvent, ils me montrent par des visions ce qu'ils faisaient de leur vivant, ou bien ils me désignent des objets qu'ils affectionnaient particulièrement, ou encore ils me font une description exacte des lieux où ils vécurent.

Mais aussi, bien souvent, je les vois et les entends qui me parlent. Ce deuxième cas de figure peut être accompagné d'un état de transe et de coups frappés dans le bureau ou la porte. Il arrive parfois que les lumières s'éteignent et se rallument.

Le dernier cas est celui où je ne les vois pas, mais je ressens leurs présences par le biais d'une énergie qui entre dans mon corps, et je finis par les entendre. C'est très désagréable pour moi car, dans un premier temps, je ne sais pas à qui j'ai affaire.

Bien que cela ne soit pas toujours facile, mon bonheur est de pouvoir aider mon prochain et d'être cet intermédiaire, celui qui reçoit et transmet le message de l'au-delà. Cela permettra à la personne qui souffre de comprendre que son cher disparu continue à vivre dans un autre monde. Mais mon rôle consiste aussi, grâce à mes visions, à permettre à chaque personne d'y voir plus clair dans ses expériences de vie.

Avoir la preuve de l'existence d'un au-delà et recevoir le message d'un esprit peut aider. Mais cela ne supprime pas pour autant la souffrance liée à la perte d'un être cher, et le manque physique de celui-ci demeure. La douleur en est cependant atténuée.

Mes convictions sur l'autre monde et la spiritualité

La mort

La mort, sujet le plus souvent tabou, fait partie de la vie, et nous y serons tous un jour confrontés. Le but que je poursuis est d'aider chacun d'entre vous, par le biais de messages médiumniques, à prendre conscience d'une autre réalité.

Au moment de notre mort, l'âme quitte notre corps physique comme si elle se débarrassait d'un vieux manteau. Elle intègre une nouvelle enveloppe qui s'appelle le corps spirituel, ou le double. Celui-ci ressemble à une enveloppe éthérée, comme je l'ai évoqué à propos de l'apparition de l'esprit de Jeanne portant une capuche, et de l'un de mes guides spirituels dans la vitre de mon buffet.

Le corps spirituel est la réplique exacte du corps physique, car il se développe en symbiose, dans l'embryon d'abord, puis dans l'enfant, l'adolescent ensuite. De même que notre corps physique est formé de milliards d'atomes selon les lois de la biologie moléculaire, notre corps astral est lui aussi constitué du double spirituel de ces mêmes atomes.

À notre mort, alors que le corps physique tombera en poussière, notre corps spirituel fait de vibrations poursuivra son existence dans un autre monde. Malgré cette apparence un peu éthérée sur les photographies, l'âme n'est pas quelque chose de totalement immatériel. Elle garde une consistance, un corps bien délimité, qui lui donne la possibilité d'aller d'un endroit à un autre, d'être dans l'action ou dans le repos. Il lui arrive de s'étonner elle-même de sa légèreté et de la vitesse à laquelle elle peut se déplacer.

L'au-delà

Il nous est arrivé, dans notre enfance, d'entendre nos parents parler de nos chers disparus partis au ciel. En réalité, ils sont présents et souvent autour de nous. Seulement, ils évoluent dans un univers parallèle fait de plans vibratoires plus ou moins élevés, lesquels se dessinent grâce aux ondes de la pensée émanant de notre corps spirituel. On peut aussi interpréter cela d'une manière plus imagée comme étant *l'avant-royaume* (les plans les moins élevés) et le royaume de Dieu (les plans les plus élevés).

Nous nous retrouvons sur le plan vibratoire qui correspond à notre degré d'évolution spirituelle et nous pouvons, si nous le désirons, nous regrouper par affinités, en gardant nos aspirations terrestres, et ainsi travailler ensemble à notre évolution. Entre chaque plan vibratoire, l'esprit peut encore évoluer, aller vers la connaissance pour s'améliorer. Il peut aussi choisir de revenir sur terre afin de réintégrer la matière pour faire de nouvelles expériences.

Allan Kardec, le célèbre médium, avait bien analysé le processus de la réincarnation. Sur sa tombe, il est écrit en lettres majuscules : « Naître, mourir, renaître encore et progresser sans cesse, telle est la loi. »

Le passage dans l'au-delà

Le passage dans l'au-delà peut être différent pour chacun d'entre nous, suivant l'évolution et le degré de connaissance de l'âme, la façon dont elle pense et, bien sûr, les circonstances de son départ du monde terrestre.

L'âme quitte le corps au moment de la mort physique, entre dans un tunnel au bout duquel elle aperçoit une première lumière. Elle peut alors être accueillie par ses parents, par ses amis qui l'ont précédée dans l'au-delà, ou par son guide spirituel. Il n'y a pas de mots pour décrire cet état de félicité et d'amour que sont ces moments de retrouvailles.

À ce moment-là, l'âme réalise qu'elle ne fait plus partie de ce monde. Par la pensée, elle peut assister à ses propres funérailles, visiter ses proches, parfois vouloir leur faire des signes avant d'entrer dans une phase de repos, où un travail de régénération aura lieu. Ces signes de l'au-delà, je les ai plusieurs fois perçus après le départ de mes proches : des lumières s'éteignent, se rallument, ou bien ce sont des bruits dans un meuble, contre une porte… Tout le monde peut recevoir ces signes, à condition toutefois de s'ouvrir à ces manifestations.

Si l'âme consent à cette situation, elle évoluera vers le temps de repos puis vers le plan vibratoire qui correspond à son degré d'évolution. Quand l'être humain s'est préparé à ce jour, qu'il a quitté ce monde après une longue maladie en ayant pu faire la paix avec son entourage, en s'étant préparé à tout abandonner derrière lui, lorsque la paix l'accompagne avec la foi, alors ce moment qui se déroule est un grand « lâcher-prise » vers les différents plans de lumière et d'amour de Dieu.

Qu'en est-il de ceux qui refusent d'aller vers la lumière et de quitter le monde terrestre ? L'âme, je le rappelle, a la possibilité de choisir et conserve son libre arbitre.

Plusieurs causes président à ce refus.

Prenons l'exemple de ceux qui ne veulent pas quitter leurs biens terrestres. Au cours d'une consultation, l'esprit d'un homme vint essayer de transmettre un message à sa femme, laquelle, seule depuis quelques années, était obsédée par l'idée de perdre sa maison. Elle lui accordait une importance vitale. Son expérience de vie allait l'obliger à la vendre en viager et cette situation la plongeait dans un état de dépression profonde. Son défunt mari fit son apparition et lui demanda d'accorder beaucoup moins d'importance à ce lieu où ils avaient vécu, car le jour où elle quitterait notre monde, elle risquerait d'y retourner sans cesse par la pensée, et cela l'empêcherait d'évoluer. Elle devait comprendre, disait-il, qu'il fallait se détacher de ce bien matériel. Hélas, elle ne tint pas compte de ce message.

D'autre part, il y a ceux qui ne veulent ni accepter ni comprendre qu'ils sont morts. Cela se produit le plus souvent quand le décès est brutal. Ils refusent de changer leurs habitudes terrestres. L'un de mes guides spirituels me dit que je n'avais pas prêté attention à un esprit sur une photo. Il apparaissait derrière la vitre d'une fenêtre, au deuxième étage de l'immeuble où j'habitais. En effet, le visage allongé d'un homme était visible, avec une barbe, et ses contours étaient vraiment distincts. On pouvait être surpris de constater que cet esprit continuait à prendre le plus grand soin de son apparence. Il était habillé d'une veste, portait une chemise et une cravate. Il restait imprégné de sa vie terrestre. Il nous observait de l'extérieur, désirant sans doute participer à cette soirée ! Je me rappelle avoir été très fatigué ce soir-là. Pourquoi ?

L'âme qui ne veut pas quitter ce plan intermédiaire entre la terre et l'au-delà a besoin d'énergie. Elle la puisera chez les êtres humains, et plus particulièrement chez les médiums qui sont des êtres réceptifs. Puis viendra, plus ou moins vite, le moment où l'âme se rendra compte qu'elle ne peut rien obtenir. Elle finira alors par réaliser que son guide spirituel, ou ses proches, sont là pour l'aider à aller vers la lumière et vers un repos compensateur. Mais cette prise de conscience, l'âme devra l'accomplir seule, car le guide ne peut intervenir dans ce processus.

Enfin, n'oublions pas les âmes qui refusent de quitter leurs proches, surtout quand ceux-ci vont mal. Elles choisissent de rester dans un plan vibratoire proche de la terre, retardant ainsi leur évolution vers le repos puis vers leur lieu de destination. Souvent, l'esprit, dans un contact médiumnique, après s'être fait reconnaître, demande à l'être aimé de ne plus pleurer, car cette souffrance lui est intolérable, surtout quand elle dure depuis des mois, voire davantage. Un médium peut alors l'aider, car il n'est rien de plus frustrant pour l'âme que de ne pouvoir communiquer avec les siens. Le contact médiumnique aide à rassurer et à transmettre beaucoup d'amour. Dans ce cas, je demande à l'âme de partir en paix et d'aller vers la lumière quand je sais qu'elle a été retenue par les siens qui sans cesse l'appelaient. C'est un travail de libération.

L'esprit d'un jeune homme m'apparut à l'occasion d'une conférence, avant que celle-ci ait débuté. Je savais qu'il venait pour ses parents et que son départ était récent.

La conférence commença. Il se plaça derrière ses parents. Je dis simplement : « Votre fils est là. » Son énergie entra dans mon corps, me poussant à aller chercher une photo sur la table parmi une soixantaine d'autres. Dans une émotion intense, ses parents l'identifièrent comme étant la sienne. L'esprit me fit aussitôt ressentir une douleur à la tête et au cou, et me montra une mort brutale et rapide. Ses parents acquiescèrent d'un hochement de tête.

« Votre fils me dit Mik... Mickaël. » Sa mère me confirma que c'était son prénom. Alors, j'entendis à travers moi : « Tu sais maman, c'était mon heure, ne pleure pas, il faut l'accepter. Je viens te dire au revoir avant de partir vers la lumière. »

Mickaël venait apporter des détails pour prouver à ses parents qu'il était là, que c'était bien lui qui conversait à travers moi. Il me montra l'intérieur de la maison où ils vivaient puis il dit à ses parents qu'il venait les voir chez eux. Il me donna des informations sur la vie intime du couple depuis son départ et me parla du comportement de son père puis de sa mère. Il communiqua le prénom de son frère, Sébastien. Il évoqua sa présence à bord du bateau où se trouvait celui-ci. Ses parents m'assurèrent que tout ce qui avait été dit était exact. Comme je perdais le contact avec Mickaël, un autre esprit s'interposa.

Alors que je le croyais parti, il revint à la fin de la conférence pour me dire : « Je veux être certain que papa réagisse, et qu'il n'ait pas le moindre doute. Va vers le tableau ! » Son énergie me fit écrire devant toute l'assemblée son patronyme. Le papa s'effondra en pleurs en criant : « C'est bien son nom ! » Je vis Mickaël sourire puis disparaître.

Ce contact médiumnique fut fort, intense et bien sûr inoubliable pour les parents. L'esprit de ce jeune homme retenu par la souffrance de ses parents voulait communiquer avec eux avant de rejoindre le temps de repos.

Nos pensées

Sur terre, la pensée est une énergie créatrice, elle se répand dans l'univers et finit avec le temps par se matérialiser selon la loi de l'attraction. L'important est de penser d'une manière positive pour attirer à soi des événements positifs. Au contraire, penser d'une manière négative attire à soi des événements négatifs.

Quand une personne ne croit plus en rien, elle ne progresse pas. Si vous êtes dans le doute, vous attirez à vous encore plus de doute. Le pouvoir de la pensée positive augmente quand elle est envoyée vers Dieu avec foi, sincérité, humilité et amour.

Mais alors, comment penser positivement ? En allant chercher toute la volonté que l'on a en nous-mêmes pour lutter contre les pensées négatives, en ayant recours à la méditation, en faisant le vide dans son mental et en se connectant par la prière avec cette source d'amour qu'est Dieu. La méditation quotidienne peut aider à lâcher prise sur les pensées négatives. Petit à petit, nous retrouvons alors un équilibre avec notre âme.

Je suis dans cet équilibre, dans cette paix de l'esprit quand je me rends à Lourdes. J'observe que mon mental se met au ralenti. Et alors tout est beau. Tout est absolument positif.

Dans l'au-delà, la pensée est aussi créatrice. Les personnes qui pensent de façon négative sur terre peuvent faire l'expérience de leur pensée négative dans l'au-delà. Si elles ont cru que l'enfer existait du temps de leur vivant, elles pourraient en faire l'expérience, quelques secondes, quelques minutes, peut-être plus longtemps. Il est absolument important de maîtriser dès à présent ses pensées.

L'âme peut revivre les moments heureux de sa vie sur terre. Elle peut aussi ressentir le besoin de contenter ses envies : fumer, boire, retourner dans les lieux où elle a vécu, le temps de comprendre sa nouvelle réalité. Elle peut revoir les gens qu'elle aime et qui évoluent sur terre, et aussi rendre visite à d'autres âmes sur un plan vibratoire moins élevé. L'âme crée et se déplace par la pensée.

Si l'âme est négative, si elle vit dans le remords et la culpabilité, elle connaîtra cet état de négativité et ses vibrations seront basses. Obsédée par ses pensées, il lui faudra du temps avant de pouvoir sortir de cette obscurité et d'accepter l'aide de ses guides ou de ses proches pour évoluer vers un autre plan de conscience.

Il est important d'essayer, de notre vivant, de penser d'une manière positive et de prendre l'habitude de prier pour élever ses vibrations.

Qu'en est-il des esprits ? Captent-ils nos pensées ? Jusqu'à quel point peuvent-ils agir sur elles ? Et jusqu'où peuvent-ils influencer les événements de notre vie ?

Pour répondre à ces questions, j'ai prélevé dans mes consultations et conférences quelques éléments éclairants.

Au cours d'une séance médiumnique, dans une salle de conférence, un contact s'établit. Je vois apparaître l'esprit d'une enfant. Elle m'indique une photo posée sur la table orientée face à moi. C'est une petite fille. Je montre l'image aux parents et à la sœur de celle-ci : « C'est votre fille, n'est-ce pas ? Elle vient doucement me dire qu'elle vous aime. Son prénom est Florence. »

« C'est bien elle ! », m'assurent-ils. Florence me montre les hôpitaux où elle a été soignée. Elle me parle de sa maladie. Elle dit avoir éprouvé beaucoup de joie quand elle est arrivée dans l'au-delà.

Elle me communique qu'elle était avec son papa, l'autre jour, quand il est venu la voir au cimetière. Elle signale qu'il est passé devant une tombe qui n'était pas entretenue. Et, le constatant, il a pensé : « C'est une honte de laisser des fleurs en plastique sur cette tombe et ne pas s'en occuper ! » Je demande au père s'il a vraiment pensé cela. Il me répond : « Oui, je l'ai pensé, c'est incroyable ! »

« Votre fille était avec vous. Elle pointe un cimetière au bord de la mer et me dit que vous connaissez la propriétaire de cette sépulture ! » Il acquiesce tandis que l'esprit de la petite fille continue à me livrer d'autres détails.

Cette sépulture appartenait à une personne de la famille. Deux semaines après le passage du père, les fleurs en plastique avaient été remplacées par un beau bouquet de fleurs naturelles. Florence avait capté la pensée de son papa au sujet des fleurs artificielles !

Une charmante dame vint me consulter. Elle s'appelait Linette. Je vis aussitôt son mari derrière elle. Sans attendre, Yves lui dit : « C'est moi Linette, je voudrais que tu arrêtes de penser à la mort, je connais tes pensées. » Elle me confia : « C'est vrai, je voudrais aller le rejoindre. » L'esprit de son mari interféra : « Non ! Explique-lui qu'elle devrait tout recommencer si elle mettait fin à ses jours ! » Puis il ajouta, cette fois en s'adressant directement à sa femme : « Ne sois pas triste, nous nous retrouverons, et surtout, pense aux enfants, à Marie qui a été malade. Je suis allé lui rendre visite après mon départ. Tu as traversé tant d'épreuves, ma petite femme : mon décès, la maladie de Marie… Mais j'étais là près de vous. Je suis allé voir notre fille à Paris, et je lui ai fait un petit clin d'œil. Elle était avec son chat ! C'est maman qui est venue me chercher, c'est Joséphine ! »

Sur ces mots, il embrasse tout le monde et disparaît. Yves connaît parfaitement les pensées de sa femme.

Une femme vint me voir. Elle avait perdu sa sœur quelques mois plus tôt. Elle me dit ne pas croire en la vie après la mort, mais qu'une personne ayant assisté à l'une de mes conférences lui avait parlé des détails incroyables que je donnais lors de mes contacts avec l'au-delà. Elle me regarda les yeux ronds quand je lui parlai de ma manière de travailler. À la fin de mon explication, l'esprit d'une femme m'apparut. « Je suis là, dit-elle. C'est moi, ta sœur, Marie-Pierre. » L'esprit était joyeux, rieur, révélant un tempérament semblable à ce qu'elle avait toujours été. Marie-Pierre livra des renseignements sur son travail, sur son mari, sur leurs enfants. Puis elle évoqua son frère qui, par le passé, avait fait plusieurs tentatives de suicide. Elle donna son prénom et me montra une scène. Un homme était sur le point de se pendre mais des esprits tournaient sans cesse autour de lui pour faire échouer sa tentative. À l'instant de commettre l'acte qui lui aurait été fatal, il décida de renoncer. Sa sœur me confirma l'ensemble de ces informations.

Que de leçons ! Les esprits sont bien en mesure d'influencer notre vie. Ils sont également capables d'agir sur la synchronicité des événements, ainsi qu'en témoigne l'exemple qui suit.

Comme je prenais mon petit-déjeuner avec mon ami et que nous discutions à bâtons rompus sur l'influence des esprits dans notre vie, il me vint l'argument qu'ils se matérialisaient sur des photos, voire des films vidéo, ainsi que mon expérience en témoignait lorsque j'étais en médiumnité et que je voyais se déplacer des objets à côté de moi. Je lui disais que les esprits n'avaient pas la possibilité d'agir sur les grandes lignes de notre vie et que je me demandais s'ils pouvaient interférer sur la synchronicité des événements. Je projetais de leur poser ces questions afin d'inclure leurs réponses dans mon livre.

La journée passa. Mes consultations terminées, j'avais l'intention de me rendre au centre commercial pour y faire quelques courses. J'avais eu, depuis le matin, trois contacts avec l'au-delà et c'était chaque fois des instants d'intense émotion. Malgré tout, j'étais en forme. Je pris ma voiture et la garai sur le parking. À ce moment précis, j'eus cette pensée : « Aujourd'hui, tu n'achèteras pas un nouveau pyjama. Tu ne feras aucune dépense supplémentaire ! » Il convient de préciser que je collectionne avidement les pyjamas. Mes pensées se tournèrent vers maman qui avait plaisir à m'offrir un modèle bien précis, XXL, conformément à ma taille. Ce qui parfois lui posait un problème lorsqu'elle cherchait cette taille dans les rayons des magasins, ce modèle n'étant pas le mieux distribué.

Je faisais mes courses en suivant l'ordre de ma liste sans plus me préoccuper de cette histoire de pyjama. J'avais terminé mes achats, vidé le caddy dans le coffre de ma voiture. Je m'apprêtais à ranger le chariot dans son abri quand, face à moi, placé bien en évidence, je vis un pyjama du même modèle que celui que m'offrait ma maman. Même taille, même couleur ! C'était assurément un signe qu'elle voulait m'adresser. Seule ma mère pouvait deviner le plaisir que me procurait un tel cadeau. C'était une habitude dont nous avions seuls le secret!

De cette façon, elle venait de répondre à la question que j'avais laissée en suspens au petit-déjeuner. Je savais ainsi, d'une manière certaine, que les esprits peuvent agir, qu'ils exercent une influence sur nos pensées pour nous guider, pour obtenir un résultat à un moment précis. Deux minutes plus tard, quelqu'un d'autre que moi serait tombé sur ce pyjama sans pouvoir y trouver aucun sens. Quelle synchronicité!

Deux possibilités s'offraient à moi en faisant ce constat. Les esprits avaient-ils dématérialisé le pyjama du centre commercial ou avaient-ils orienté une personne pour qu'elle oublie ce pyjama afin que je le trouve? Je retiens la deuxième hypothèse. Mon expérience de la médiumnité atteste généralement que les esprits connaissent mes pensées. Ma chère maman avait choisi cet instant précis pour me faire ce cadeau, ne doutant pas que je l'accueillerais comme un grand signe. Et c'était, de surcroît, un encouragement dans mon travail de tous les jours avec l'au-delà.

Je sais qu'ils avaient fait équipe pour agir, et c'est du fond du cœur que je leur envoie toutes mes pensées d'amour.

Le temps de repos

Nous avons tous entendu parler du repos éternel et chacun connaît cette phrase: «Que son âme repose en paix !» Ce temps de repos existe bien, un peu comme une cure de sommeil. Sa durée est plus ou moins longue, suivant l'évolution de l'âme.

Souvent, en consultation, une personne sollicite un contact avec un défunt. Si le départ est récent, je peux difficilement avoir des nouvelles en direct. Seuls mes guides peuvent me donner des informations concernant l'être cher.

Il faut attendre, car l'âme est au repos. Elle se dégage des vibrations terrestres, des moments difficiles vécus sur terre, de la maladie et des traumatismes. Elle se réveillera dans une nouvelle énergie de bien-être.

Mais il y a quelques exceptions, comme vous allez pouvoir en juger à partir de cette consultation.

Céline me rendait visite. Elle me salua et s'installa sur le siège face à moi. Je vis immédiatement des pleurs et je ressentis aussitôt sa souffrance – cette faculté s'établit dans l'instant où j'entre en communication avec une personne qui a subi un deuil, car je capte alors les vibrations de sa douleur. Je lui dis qu'elle venait de perdre un ami très proche. « Oui, me répondit-elle, cela fait sept mois. » Je lui fis savoir que sept mois n'était pas une durée suffisamment longue pour pouvoir espérer un contact. Je lui demandai d'attendre encore quelque temps et la raccompagnai à ma porte. Mais, avant d'arriver sur le seuil, je fus traversé par la vision d'un accident et d'une mort fulgurante. J'en éprouvai une violente douleur dans la cage thoracique, comme si quelque chose s'était enfoncé dans ma poitrine. Je sus à ce moment que le contact avait eu lieu.

Céline tomba sous le choc de ces révélations. Je lui relatai la mort brutale de son compagnon et lui assurai qu'il n'avait pas souffert. Je savais qu'il était autour de moi et qu'il me guidait. Il me fit dessiner un cœur, je ne sais pourquoi, mais Céline le comprit. Avant son accident, il lui avait offert un cœur qu'elle avait précieusement conservé dans son sac à main. Elle l'ouvrit et me le tendit. L'esprit de son compagnon lui dit qu'il était là, qu'il était présent dans la pièce. Il enjoignait Céline de réconforter sa mère en lui précisant qu'il allait bien, car elle ne cessait de pleurer depuis sa disparition. Il me montra la tombe grise où elle déposait des fleurs et ajouta : « Je ne suis pas à cet endroit, mais merci quand même ! » Après quoi, il me fit ressentir tout l'amour à transmettre à son amie et s'éclipsa.

Le contact avait été bref, mais l'esprit de ce garçon avait fait l'effort de venir pour transmettre un message à son amie et à sa propre mère.

Un autre exemple fait exception : celui où l'esprit retarde le temps de repos. Il est prélevé d'une conférence à laquelle j'ai récemment pris part. Ce contact s'effectua trois semaines environ après le départ d'un être cher.

Il s'agissait d'un homme retrouvé mort dans sa cuisine à la suite d'une attaque cardiaque. Martine, sa veuve, avait été informée par un collègue de travail de mes conférences et c'était par curiosité, une curiosité dubitative, qu'elle se présenta à l'une d'elles ce jour-là.

Je me trouvais en séance avec l'esprit d'une femme quand ce monsieur fit une première apparition en communiquant son prénom. Il s'appelait Michel.

Il dit à sa femme qu'il allait bien et lui demanda aussitôt de ne pas douter. L'esprit n'était guère bavard et disposait de si peu d'énergie que je ne captai rien de plus.

Un mois plus tard, Martine revint en conférence, accompagnée cette fois-ci de sa fille qui souffrait énormément de la perte de son père. L'esprit de Michel se présenta à nouveau et dit : « Ma petite femme, je suis là ! » Il me fit comprendre qu'il avait toujours douté qu'une vie pût exister après la mort, puis avoua ses regrets de n'avoir pas assez profité de son épouse. Il était contrarié d'avoir dû travailler aussi dur et déclara qu'il ne demanderait plus à sa femme de lui repasser ses chemises, désormais ! Martine admit qu'il était particulièrement maniaque et qu'il exigeait que ses chemises fussent toujours impeccablement repassées ! Il livrait ce détail afin que soit ôté le moindre doute quant à sa présence. L'esprit poursuivit en évoquant la période de Noël. Il était fâché de n'avoir pu vivre cet événement en famille (car c'était à ce moment qu'il avait été foudroyé) et promit qu'il serait auprès de ses proches le 25 décembre qui suivrait. Il était désolé d'avoir laissé sa famille au milieu de soucis matériels et disparut sur ces dernières paroles.

Le contact fut de courte durée, mais toutes ces précisions confortèrent Martine et sa fille dans l'idée que Michel continuait sa vie. Et cependant, il les avait quittées depuis si peu de temps !

Certains esprits récemment partis font de brèves apparitions. Ainsi en fut-il pour cette femme venue me rendre visite après le décès de son mari. Celui-ci se présenta à moi, adressa un message d'amour à son épouse en l'appelant « Josy », diminutif affectueux dont il usait à son égard. Il me parla de ses enfants, délivra des paroles apaisantes et termina la conversation en précisant qu'il se prénommait André. Ses derniers mots révélaient un certain sens de l'humour, une disposition qu'il avait toujours eue de son vivant. Ainsi, la preuve nous est fournie que dans l'au-delà, on conserve sa personnalité.

Le bilan de notre vie

Dans les messages médiumniques, j'entends souvent : « Pardonne-moi ! » L'âme regrette son comportement sur terre. Car, à un moment donné, elle fait le bilan de sa vie. Accompagnée de son guide, elle revoit sa vie défiler, comme au cinéma, revit dans le détail les bonnes et les mauvaises actions, les paroles et les pensées qu'elle a eues envers les autres, les souffrances infligées.

Aucun jugement des guides spirituels n'est implacable. Seul compte le nôtre vis-à-vis de nous-mêmes. Cela nous permet de comprendre notre venue sur terre, l'ensemble des points sur lesquels nous avons peu ou pas évolué.

Il est par conséquent essentiel de bien connaître nos expériences de vie. Voici, résultant de mes consultations, une belle histoire d'amour entre un père et son fils.

J'ouvris la porte de mon bureau. Un homme âgé d'une soixantaine d'années se trouvait devant moi. Il entra dans la pièce et s'installa sur la chaise face à ma table, croisant les bras et me regardant sans dire mot.

Je sentis que nous n'étions pas seuls et que cet homme venait dans l'espoir d'entrer en contact avec une entité. Je commençai à lui expliquer ma manière de procéder mais n'eus pas le temps de terminer ma phrase : l'esprit d'un homme se tenait derrière lui. Je savais que c'était son fils. Je ressentais des vibrations négatives, comme un malaise, car ils ne s'étaient pas quittés en paix. Il était là pour éclaircir une situation. Tout d'abord, je n'entendis rien. L'esprit me montrait une grande ville située quelque part à l'étranger. C'était là-bas qu'il vivait. Son père me confirma qu'il résidait en Allemagne.

L'esprit me dit que son prénom était Éric. Il me fit comprendre qu'il avait vécu sa maladie en retrait, et me fit ressentir une souffrance à la tête. Il était parti d'une tumeur au cerveau. Il exprima ses regrets et demanda à son père de lui pardonner. Il l'avait tenu à l'écart de sa maladie et de sa vie pendant tout ce temps et n'avait pu lui dire au revoir.

Son papa lui dit de ne pas s'en faire et j'éprouvai immédiatement le soulagement d'Éric. Il voulait que son père comprenne qu'il était bien là. Il lui parla de son copain Karl, en Allemagne, précisa qu'il était avec lui le jour où il avait voulu récupérer ses affaires et que son ami n'avait voulu lui donner ni sa montre ni aucune photo. Il était désolé de cela. Il parla de Marthe qu'il aimait bien. Je sentis qu'il était plus léger tout à coup et qu'il avait envie de taquiner son père. Éric me montra une quantité de téléphones. On aurait dit qu'il se trouvait dans un magasin de téléphonie ! Son père se mit à rire. « Oui, dit-il, je comprends, je collectionne les téléphones ! » Ayant dit cela, il confirma qu'il connaissait bien Karl et Marthe.

Éric regrettait que sa relation avec son père se fût déroulée de cette façon. « On s'est ratés, papa ! dit-il. On n'a pas pris le même train ! » Son père lui signifia qu'il l'aimait. Éric continua de parler à travers moi : « Je n'étais pas facile, dit-il. J'étais susceptible parfois, et il était difficile de me tenir tête ! »

Il poursuivit en évoquant une période de vacances dans une maison possédant de grandes baies vitrées, puis me parla tout à coup d'une procuration et prononça le mot « merci ». Je ne comprenais pas ce qu'il voulait dire mais son père devina. Il lui avait demandé une procuration pour qu'il puisse être enterré en Allemagne. Le père, ému, versa quelques larmes. Je dois dire que je pleurai aussi. Puis les vibrations changèrent. Je perçus de la joie, une franche gaieté. Éric continua : « Allez, papa ! Fais attention à ton estomac, pas trop d'excès ! » Le père éclata de rire. Il savait de quoi parlait son fils. Dans un mélange d'émotion et de bonheur, de rires et de larmes, ce gentil monsieur me quitta en me gratifiant d'un grand merci.

Éric était léger et son père aussi. Le jeune homme était revenu pour éclaircir la relation qu'il avait eue avec son père et lui faire comprendre qu'il l'aimait et qu'un jour ils pourraient échanger comme ils auraient dû le faire ici-bas. Son papa vivait avec le poids de la culpabilité et du chagrin. Ce contact avec son fils aura été un acte d'amour.

Qu'ils soient heureux et en paix tous les deux. C'est mon meilleur souhait.

Nos expériences de vie

C'est grâce à elles que nous pouvons progresser, car chacun d'entre nous a des leçons à tirer et à assimiler au cours de son existence. Elles nous amènent à faire de bons ou de mauvais choix dans le but d'apprendre. Les outils et moyens mis à notre disposition nous sont seulement prêtés pour un moment, qu'il s'agisse d'objets matériels – maison, argent… – ou de nos relations personnelles, sentimentales, familiales. Chaque expérience a sa raison d'être. Dieu ne nous envoie que des anges pour progresser.

Pour évoluer, nous devons apprendre à porter un autre regard sur les choses, à apprécier leur côté illusoire. Derrière une épreuve douloureuse, il y a toujours une raison spirituelle, quelquefois difficile à comprendre et à accepter. Mon rôle en tant que médium est de vous aider à aller de l'avant, que ce soit par mes visions ou par des messages médiumniques. La vie nous propose des leçons dont il faut réussir à découvrir le sens spirituel. Cela afin d'en tirer des principes pour l'existence. Ainsi est-il nécessaire de savoir vaincre nos peurs, car elles ne servent à rien. Il en va de même pour la culpabilité et la colère. Elles doivent être surmontées. Nous devons tirer la leçon du pouvoir et de la possession. Nous devons être capables d'évoluer dans des relations personnelles permettant de nous connaître de façon constructive. Il nous faut privilégier, dans un sens positif, l'amour, le bonheur, l'honnêteté, mais aussi le pardon, la patience et le renoncement.

Dans le travail des régressions, nous revivons nos expériences de vie afin d'en tirer un enseignement sur nous-mêmes et sur les schémas négatifs, et souvent répétitifs, que nous avons tendance à reproduire.

Par la méthode de la relaxation, le corps physique se détend profondément pour atteindre un état altéré de conscience. Dans cet état, nous revivons les événements douloureux du passé et extériorisons toutes les vibrations négatives liées à ces moments, pour nous en débarrasser et parvenir à la guérison. Je compare cela à une montgolfière lestée de sacs de sable. Disons que ces sacs de sable sont semblables à des sacs de souffrance qui empêchent de s'élever. Le travail consiste alors à les détacher, l'un après l'autre, de manière à alléger la montgolfière.

C'est une méthode libératrice pour toute personne ayant vécu des traumatismes et des deuils ou ayant des blocages et des peurs, et qui ne peut ainsi avancer dans cette vie.

Frédéric cherchait à évoluer, à comprendre les événements de sa vie et à surmonter des deuils. Le bénéfice de ce travail est pour le moins tangible dans ce récit qu'il me fit, après plusieurs consultations au dénouement fructueux :

« J'ai effectué un travail de régression avec Alain Joseph, un retour dans le passé de cette vie, mais aussi dans celui de mes vies antérieures. Ce travail a été tout autre chose qu'une séance de médiumnité, où l'on écoute ce qui est dit. Il s'agit d'un véritable effort à fournir chaque fois.

Le sentiment que je garde de ces séances est celui d'un vrai travail en collaboration avec Alain Joseph, un peu comme une thérapie, mais puissance dix. J'ai découvert des moments clés de mon existence dont je n'avais aucun moyen de me souvenir. Je me suis ainsi décrit dans la cuisine, bébé, avec ma mère et ma grand-mère. Lorsque j'ai décrit plus tard cette cuisine à ma sœur plus âgée, elle n'a pu que corroborer la description que j'en faisais, et ce jusqu'aux détails du carrelage.

Au fil des séances, j'ai remonté mes vies antérieures et je dois dire qu'Alain Joseph n'a pas ménagé ses efforts pour m'y aider. J'ai compris le fil conducteur qu'il y avait entre cette vie-ci et mes vies passées, ce sur quoi je devais évoluer.

Je lui suis vraiment reconnaissant car le travail était difficile et pénible. Mais, à la fin, j'ai ressenti un apaisement intérieur, cela a été une libération pour moi. »

Le travail des régressions permet d'évacuer la souffrance qu'une personne intériorise dans les moments douloureux de son existence, particulièrement lorsqu'elle perd un être cher. Linda affirme que lors de ses séances, elle a appris à avancer dans le deuil de son mari. Elle n'a pas eu le temps d'exprimer ses sentiments et a dû faire face à la situation en l'intériorisant. Cette souffrance lui était intolérable mais grâce à cet état altéré de conscience dans lequel elle s'est trouvée, elle a pu revivre les événements qui ont précédé la mort de son mari, en extérioriser la souffrance, et commencer petit à petit à progresser sur le chemin de la guérison.

Voici le témoignage que Linda a bien voulu me communiquer : « J'apprends à évacuer toute ma colère et toute ma rancune dans le travail des régressions.

La méthode m'a beaucoup aidée et je me sens vraiment mieux car j'enlève toute ma douleur. J'ai l'impression de faire le nettoyage de mon esprit. Aujourd'hui, après plusieurs mois de souffrance, j'ai pu enfin pleurer. J'ai pu accepter le départ de mon mari et lui dire au revoir. En ayant revécu mon passé, je me sens libérée de tous les sacs de souffrances que je traînais avec moi depuis mon enfance.»

Quand une personne ne voit que les échecs de sa vie sentimentale, elle finit par reproduire les mêmes schémas. Elle perd l'espoir d'une belle rencontre et s'enfonce dans la négativité et l'angoisse. Le travail des régressions aide à comprendre et à évoluer.

Stéphanie me fit part de ce qu'elle avait vécu au cours de ce travail: «J'ai décidé d'entamer des séances de régressions avec Alain Joseph, traversant une période difficile de ma vie et ayant conscience que je répétais les mêmes erreurs. Depuis que j'ai commencé ce travail, je me sens légère et sereine. J'ai à nouveau confiance en moi, et le plus extraordinaire: mes angoisses ont disparu.

Grâce à ce travail, j'ai réellement l'impression d'avoir changé, d'être une autre, dans le bon sens du terme, et mon entourage me le confirme. C'est comme une renaissance. Les dossiers lourds du passé, je les ai évacués, et aujourd'hui je suis libérée.

C'est une aventure extraordinaire que je conseille à tous, une excellente thérapie qui vaut tous les Prozac et antidépresseurs du monde. Et je sais de quoi je parle!»

Le deuil

Le deuil reste l'épreuve la plus douloureuse que nous ayons à surmonter. Face à cette souffrance, nous sommes souvent seuls et traversons différentes étapes émotionnelles, dont la première est souvent le refus, la colère. Puis vient plus ou moins rapidement l'acceptation. Chacun évolue dans son deuil de manière différente et à son rythme. Beaucoup des personnes que j'ai rencontrées se replient sur elles-mêmes et perdent le goût de vivre face à la souffrance. Un message médiumnique – qu'il soit petit ou grand – transforme le deuil, l'atténue au moins, car la souffrance, le manque physique et affectif de l'être disparu persistent dans le temps avec plus ou moins d'intensité. Mais une preuve de survie spirituelle de la part de celui ou celle qui s'en est allé apporte toujours l'espérance du jour où auront lieu les merveilleuses retrouvailles.

L'épreuve est généralement difficile à comprendre et à assumer, surtout dans le cas d'un enfant qui quitte ce monde sans avoir eu le temps de rien créer. Pour les parents, la douleur est terrible. Il est souvent difficile pour eux de comprendre que chaque événement a une raison spirituelle, que le départ prématuré de leur enfant dans l'au-delà est une épreuve spirituelle qu'ils doivent surmonter. Pour l'enfant, l'esprit libéré du corps comprend que c'est un retour *à la maison*, dans le bonheur, l'amour et la félicité de Dieu.

Dieu

Ma plus grande conviction spirituelle est que Dieu est une énergie, une source inconditionnelle d'amour. Nous revenons sur terre pour essayer de nous rappeler qui nous sommes vraiment, autrement dit une parcelle de Dieu.

Dieu est en chacun d'entre nous. Nous sommes reliés à lui et parfois nous l'oublions.

Chacun évolue à son rythme, mais je ne saurais trop insister sur le fait que notre relation avec Dieu, chaque jour, a une importance primordiale. Elle peut s'exprimer par une pensée, une action ou une prière.

Ce lien qui nous unit trouve sa réalisation dans la prière, la méditation, où nous pouvons nous rappeler qu'il faut essayer de ne pas être égoïste, d'être dans le partage, et dans le respect des autres.

La prière est une énergie d'amour qui monte dans les états vibratoires les plus élevés. Grâce à elle, nous pouvons quelquefois obtenir beaucoup, d'autres fois peu. Il faut s'en contenter. Aussi, il importe de savoir remercier.

De nombreuses personnes sont *fâchées* avec Dieu pour différentes raisons. Elles estiment, par exemple, que si Dieu existait, la question du Mal serait résolue. Or, derrière chaque épreuve, derrière chaque expérience de vie se cache l'évolution spirituelle à titre individuel ou collectif.

D'autres sont convaincus que la mort physique est une fin définitive. Dans le doute, ils voudraient croire à une autre existence mais leur côté cartésien prend le dessus en donnant raison au néant. Ceux qui ont la foi et la certitude d'un autre monde cherchent dès à présent à évoluer et à découvrir le véritable sens de la vie.

Quand une personne perd un être cher, elle espère que l'être aimé continuera à vivre dans un autre monde. Sans cette certitude, la douleur est intense. Mais la foi peut ressurgir à ce moment et aider au travail de deuil.

Les conférences

Celui qui a perdu un être cher, qu'il s'agisse d'un parent ou d'un ami, sait ce qu'est exactement la souffrance du deuil. Cette séparation est une déchirure que l'on ressent au plus profond de soi. Je connais cette souffrance et elle m'invite à réagir, à sortir de chez moi pour aller à la rencontre de ceux qui ont besoin de mon aide.

Cette démarche s'accompagne d'une présence bénévole au sein de différentes associations dans lesquelles j'interviens. Un contact avec l'au-delà redonne l'espoir et la certitude que la vie continue dans cette autre dimension que nous appelons l'au-delà, puisqu'il faut bien nommer ce lieu. Nos chers disparus sont hors de notre vue, mais en réalité ils demeurent toujours à nos côtés. Ils reviennent à travers moi depuis le monde de l'astral pour délivrer des messages de réconfort et donner des preuves de survie.

Parler devant un public n'est pas chose facile ; faire de la médiumnité face à une assemblée n'est certes pas un exercice banal. En entreprenant ce type de pratique, je me suis souvent demandé si mes guides et les esprits, confrontés à une importante réunion de personnes, seraient au rendez-vous.

Ils m'invitèrent au contraire à agir sans perdre un instant et m'encouragèrent à ne pas avoir peur. Je dois dire qu'ils avaient hâte que je mette en place cette pratique. Mon appréhension n'en était pas pour autant gommée. Connaître l'incorporation totale comme je l'avais vécue aux îles Canaries me faisait peur. Imaginez cela devant un auditoire ! Je suis sujet à des incorporations mais je ne savais si je parviendrais à les contrôler dans un tel contexte.

Vous vous souvenez que mes guides spirituels me demandèrent de partager mes expériences en écrivant ce livre. De la même façon, ils me pressèrent de faire des conférences. Ne croyez pas qu'il soit aisé de trouver une salle lorsque l'on se présente comme médium. Généralement, on vous ferme la porte au nez ! Par chance, l'esprit de Marie, ma grand-mère paternelle, se présenta à moi : « Mon petit-fils, rappelle-toi ta communion ! » Je cherchai dans ma mémoire et me souvins que j'avais fait ma communion à Pont-l'Abbé et qu'au sortir de la cérémonie nous nous étions retrouvés en famille à l'Hôtel de Bretagne. J'avais à ce moment compris l'invitation de Marie à m'en souvenir. J'allai donc à Pont-l'Abbé où je trouvai l'hôtel sans difficulté. Une femme ouvrit la porte et me dit : « Vous, ici ! » C'était l'une de mes clientes. Je l'interrogeai sur la possibilité de mettre une salle à ma disposition pour organiser mes conférences. Elle accepta immédiatement.

Si ma première conférence réunit un grand nombre de personnes, la deuxième en compta le double. Je me souviens parfaitement de ce premier rendez-vous devant un auditoire où se mêlaient assurément curiosité et scepticisme. On installait la salle, des sièges étaient disposés dans la pièce et je sentais durant ces préparatifs une certaine angoisse me gagner. Les esprits seraient-ils présents ? Serais-je à la hauteur ?

La réponse, fort heureusement, ne tarda pas à venir. Je fus instantanément transporté dans une énergie d'amour et j'entendis : « Oui, cela fait partie de ta mission. » Cette énergie m'entourait et je pouvais ressentir la présence bienveillante de mes guides.

Ce trac, je l'éprouve à chaque réunion, car je ne sais jamais à l'avance si tout se déroulera sans accroc. Il me faut écarter de moi toute appréhension et c'est en priant que j'entre en scène !

Le plus souvent, c'est par l'incorporation que le contact médiumnique s'établit, en me faisant ressentir la manière dont les défunts ont quitté ce monde et cela à différents degrés.

Le message qui passe à travers moi a une valeur inestimable pour la personne qui le reçoit et qui reconnaît d'emblée les mots d'un proche, sa personnalité, sa façon de parler. Parfois, un nom ou un prénom sont prononcés, ajoutant à la consistance du message. Les détails que l'esprit communique sur sa vie sur terre, sur sa relation avec d'autres êtres, y compris sur des faits que seuls ceux-ci peuvent connaître, deviennent alors des preuves de survie.

Lorsque j'entre en médiumnité, la peur me quitte. Je suis guidé dans une énergie. Comme le pilote automatique d'un bateau, je vais vers ma destination en éprouvant des émotions, des sentiments de joie ou de peine. À l'image d'un navire voguant tantôt sur une mer agitée, tantôt sur des flots calmes, je suis tour à tour remué ou serein.

Les esprits sont nombreux à vouloir transmettre un mot, une phrase, parfois un très long monologue, et cela dans le but d'apporter à leurs bien-aimés, réunis dans la salle, un baume de réconfort. Il me faut préciser que cela demande de gros efforts de leur part car ils doivent redescendre sur le plan vibratoire le plus proche pour établir le contact. N'oublions pas qu'ils se trouvent alors sur des plans plus ou moins élevés, hauts en vibrations. Rejoindre des vibrations plus lourdes n'est sûrement pas agréable pour eux. De ce fait, il convient de toujours penser à les remercier.

Chaque conférence est particulière. C'est un événement riche de rencontres avec le monde des esprits mais dont l'issue est pour moi épuisante. Car je suis en médiumnité durant une longue période et c'est un moment où je vais jusqu'au bout de mes forces. À la fin de chaque séance, je sors « vidé » de toute énergie mais totalement heureux.

Dans certains contacts, je ressens de la joie. Mon taux vibratoire s'élève. Ce n'est pas toujours le cas, car souvent je retiens mes larmes, d'autant qu'il m'arrive de recevoir au passage des messages personnels.

Au cours d'une séance, l'esprit d'un homme se présenta. Il s'appelait Roger. Il m'affirmait que sa femme se trouvait dans la salle. Il était parti depuis quelques mois et me faisait ressentir sa maladie, me montrant des scènes précises à l'intérieur de l'hôpital puis son départ. L'espace d'un instant, je connus sa souffrance dans mon corps.

Il me signala le port de Loctudy, parla de son travail, dit qu'il y était retourné après son enterrement. Il me demanda d'embrasser sa fille et évoqua la santé de ses enfants. Il voulait être rassurant. Après quoi, il me livra cette précision : « Mon corps repose au cimetière de Loctudy, trois tombes à côté de celle de ta maman ! » Cette information inattendue me surprit !

L'épouse de ce charmant monsieur fut aussitôt renseignée sur ce que je venais d'apprendre et je lui demandai de bien vouloir vérifier. Elle me confirma, plus tard, que le fait était absolument exact.

Je me réjouis toujours de recevoir des mots d'encouragements, y compris des rappels à l'ordre lorsque je commets une erreur d'interprétation. Parfois, j'entends de curieuses invectives. On me dit : « Allez, le médium, fais bien ton travail ! » Toujours, ces injonctions me sont données sur le ton de l'humour.

Mon corps peut frissonner ou changer de température quand je suis en médiumnité. Ce sont de brusques altérations parfois difficiles à supporter, mais je les accepte comme des encouragements. Elles me donnent la force de continuer.

Alors que j'avais entamé ce cycle de conférences, j'éprouvai le besoin d'un nouveau voyage à Lourdes dans le but de me recueillir. À peine installé dans le train qui me conduisait vers ce haut lieu, je ressentis une profonde sensation de paix. Je devinai alors que ce déplacement aurait de l'importance pour moi. Dans cet état où les tensions étaient retombées, porté par le bonheur d'aller vers l'essentiel, je pensai au premier pèlerinage que j'avais accompli avec ma chère maman. Je me souvins de notre complicité au-delà du visible lorsque, chacun de notre côté, nous avions entendu une voix insultant la Sainte Vierge. Nous étions véritablement reliés.

Je me trouvais précisément devant la statue de la Vierge Marie, face à la grotte de Massabielle où, en 1858, Bernadette Soubirous avait vu apparaître la Sainte Vierge, lorsque je constatai dans mon corps une puissante réceptivité aux vibrations de ce lieu. Je commençai à prier quand je fus traversé par cette force qui rentre dans mes jambes et remonte jusqu'à ma tête, un phénomène dont je suis désormais familier.

À ce moment, la force enveloppait mes épaules et pesait sur ma nuque, m'obligeant à baisser la tête, pliant mon buste dans une inclinaison vers le sol. En même temps que j'effectuais ce mouvement, une voix me parlait : « Baisse-toi devant la Sainte Vierge ! » Je recevais cet ordre avec l'humilité de n'être qu'un pauvre pécheur. Des larmes brouillaient ma vue ; il me fallait les contenir. Je pouvais identifier cette émotion : elle résultait toujours d'une poussée de force, de cette énergie qui entrait en moi et à laquelle je m'étais habitué depuis qu'elle m'avait touché dans l'enfance. Mais, cette fois, l'énergie était décuplée, amplifiée, pareille à celle que j'avais observée au cours de mon premier voyage à Lourdes.

Je priai la Sainte Vierge de m'apporter paix et sérénité, de m'aider à accomplir ma mission auprès de ceux qui souffrent dans l'épreuve la plus redoutable qui soit, celle d'être physiquement séparé d'un être cher.

Puis vint le soir. Je m'étais uni à la procession sublimée par le chant de l'Ave Maria. Depuis que nous avions quitté le parvis de l'esplanade du Rosaire, je me sentais appartenir à un même élan, celui qui transporte la totalité des pèlerins dans un acte d'amour. Cette communion avec l'énergie divine, je la ressentais à chacun de mes pas. Nous allions, un cierge à la main, suivant comme un seul être de prière la statue de Notre-Dame de Lourdes, chacun méditant à sa façon la vie du Christ, tous rappelant la croyance en Dieu le Père tout-puissant, créateur du ciel et de la terre. Au terme de la procession, devant la basilique dressée au cœur des sanctuaires de Lourdes, je me sentis rechargé. J'étais empli d'une énergie neuve, prêt à poursuivre ma mission.

L'âme légère, je pris le train qui me ramenait en Bretagne. J'étais dans cet état particulier qui résulte toujours de mes voyages à Lourdes. Je fonctionnais au ralenti, l'esprit calme, le cœur serein. Rien ne venait plus troubler mes pensées. Mes idées étaient tranquillement posées. En y réfléchissant, je me disais que ce pèlerinage avait assuré ma confiance. Au fond, j'étais dans cet état de communion qui ne m'avait jamais quitté. J'arrivai à Quimper renforcé. Cette sensation de paix intérieure, si utile à mon travail, me fit aborder mes nouvelles conférences dans un sentiment de plénitude de vie.

Je débutais ce jour-là une séance sur le thème de la réincarnation et du rôle que pouvait exercer un guide spirituel. L'énergie d'amour que j'avais éprouvée à Lourdes m'accompagnait. J'étais plein de cette expérience purifiante. Au cours de cette conférence, je connus une grande émotion, couronnée par des cadeaux du ciel.

L'esprit d'une petite fille fit son apparition. Elle était morte d'un cancer et se présenta portant un bandana sur la tête, comme un emblème de sa maladie. Elle venait à la rencontre de sa maman : « Aujourd'hui, c'est le jour de mon anniversaire, me dit-elle, et je viens parce que maman est dans la salle. » Elle me communiqua son prénom. Sa voix avait des accents de joie, tant cette enfant était heureuse de pouvoir réconforter sa mère. « Tu as fait de ton mieux, lui dit-elle, on ne pouvait pas aller plus loin. » Elle parlait avec franchise, sur un ton direct, et répondit sans attendre à une question que se posait sa mère : « Ai-je fait tout ce qu'il fallait faire ? Est-ce que l'on aurait pu faire autre chose ? » Elle était hantée par la crainte d'avoir manqué une étape. Elle vivait dans l'idée que son aide avait peut-être fait défaut. Les mots de sa petite fille venaient chasser toutes ces idées noires. Ce fut pour cette maman un grand soulagement de pouvoir les entendre. Elle se mit à pleurer en me disant qu'elle avait préféré renoncer à l'acharnement thérapeutique.

La petite fille était entourée d'enfants joyeux et je les voyais qui dansaient autour d'elle. Elle dit à sa maman : « Un jour, tu devras arrêter de voir des médiums et poursuivre ton chemin. » Sa mère me confirma par la suite qu'elle s'était rendue trois jours plus tôt chez un autre médium. Le message était aisé à comprendre : elle souhaitait que sa mère progresse dans son deuil sans abuser de contacts médiumniques. Elle lui dit encore qu'elle avait de la chance car elle recevait beaucoup de signes qui étaient autant de cadeaux. Elle lui confirma que les bruits qu'elle entendait à la maison provenaient d'elle, qu'elle ne devait surtout pas s'inquiéter mais continuer à s'occuper affectueusement de son frère et de sa sœur. Enfin, elle disparut après avoir prononcé ces paroles: «Je t'aime, maman!»

Avoir un contact médiumnique avec un enfant est toujours une expérience bouleversante car il me faut rejeter l'émotion qui me gagne, faire le vide dans mon mental, afin que le message puisse passer. En aucune façon, je ne peux me laisser submerger par l'envie de pleurer. Je dois être réceptif à cent pour cent.

Cette conférence avait un niveau vibratoire élevé. Toutes les personnes présentes ce jour-là communiaient dans une énergie de réceptivité et d'amour.

Je fus ensuite orienté par mes guides vers le troisième rang pour dire à une maman que sa fille était là. Elle me dit s'appeler Marine. «C'est ici!», cria la mère. Marine se présenta à moi tête baissée, un foulard autour du cou, en transparence, comme une énergie de l'esprit. Elle me montra un départ précipité. «Pardonne-moi, maman.» Elle avait mis fin à ses jours et le regrettait. Elle semblait vouloir me parler d'une déception sentimentale et ce qu'elle me disait, c'est qu'on ne doit jamais se laisser aller à se tuer pour qui que ce soit.

Marine venait confier à sa mère qu'elle avait retrouvé son père et le frère de celui-ci, partis plus tôt. Elle évoqua sa marraine Marie-Thérèse qui désormais était à ses côtés. Marine vit sa mamie dans la salle et me fit savoir que son grand-père était également présent auprès d'elle. Disant cela, j'entendis un chien aboyer et vis un toutou de couleur claire. Lui aussi avait trouvé sa place auprès de Marine. « C'est le chien de maman », me dit-elle. Elle me le montra ainsi qu'il était, de son vivant, dans la maison de ses parents. Avant de disparaître, elle prononça le prénom de sa mère et me demanda de remercier Brigitte pour ses prières qui l'aidaient beaucoup.

Cette conférence dura trois heures. Je fus filmé en médiumnité. Deux jours plus tard, alors que je voulais visionner la séance, le téléphone sonna. J'appuyai sur la touche « pause » pour arrêter le déroulement du film. En redémarrant la vidéo, je fus surpris par le visage d'un esprit apparaissant à côté du portrait de ma grand-mère. Une nouvelle matérialisation ! Un peu plus loin dans le film, je distinguai deux visages d'enfants. Tout auprès d'eux se tenait un grand chien.

Je suis ému chaque fois que ces matérialisations se produisent. Ce sont des cadeaux de l'au-delà et les signes irréfutables que la vie se poursuit. Je remercie les esprits qui font l'effort de se concentrer sur la matière. Ils attestent ainsi de leur perpétuelle bienveillance.

Ces cadeaux, je suis heureux de les partager avec le public qui assiste à mes conférences. Ce sont aussi pour moi des balises placées sur ma route pour m'encourager dans ma mission.

Vous allez le comprendre à travers les contacts qui vont suivre : l'incorporation de leur à travers dans mon corps va jusqu'à me faire ressentir la douleur, la manière dont les personnes ont quitté ce monde, quelquefois le handicap qui les affligeait, et cela me pousse à adopter des gestes, des manies, des attitudes qui permettent de bien les reconnaître lorsqu'ils se manifestent au cours d'une conférence.

Celle-ci est en général guidée par les questions que l'on se pose sur la continuité de toute vie au-delà. Il en résulte un thème qui varie à chaque rendez-vous, lequel peut avoir pour sujet les guides spirituels, la réincarnation, les expériences de vie, le deuil, le lâcher-prise, ce que nous disent les défunts ou encore l'amour inconditionnel. Le public vient avec des photos qui sont déposées sur une table au moment de la pause entre l'exposition du thème et la séance de médiumnité. Ces supports m'aident à gérer cette partie de la séance où les esprits viennent à moi. Je les saisis ou ne les saisis pas. Il m'est parfois inutile de les consulter quand les messages sont suffisamment précis. Avant toute séance de médiumnité, je prends le temps de m'isoler pour prier.

Au cours de l'une d'elles, l'esprit d'une jeune femme handicapée se présenta à moi. Elle commença à s'exprimer avec beaucoup de force : « Ce corps, comme je ne l'aimais pas, j'en suis libérée ! Qu'il était lourd, lourd », dit-elle. Puis elle ajouta sur un ton élevé : « Sœur, sœur, je viens pour ma sœur. » Celle-ci se trouvait dans la salle. L'esprit remuait ses lèvres en émettant un bruit de souffle. Sa sœur confirma qu'elle produisait souvent ce son et toujours de cette manière. Après avoir ainsi soufflé, elle dit : « J'aurais aimé communiquer davantage avec toi, tu sais. Je peux te dire maintenant que je t'aime et que j'ai retrouvé toutes mes facultés. » Puis elle me fit ressentir une pression sur la main. Je compris que je devais réunir mes mains. La manière dont elles étaient nouées coïncidait avec celle qui était la sienne de son vivant. Elle parla de son frère Claude qui se trouvait à côté d'elle. Dans la salle, sa sœur se mit à parler : « Et papa, le vois-tu ? » Ce à quoi elle répondit : « Tu veux toujours tout savoir, toi ! »

Sa sœur partit d'un rire car c'était une phrase qu'elle répétait souvent. Elle dit encore : « Juillet... juillet... juillet... anniversaire pour nous ! »

Deux membres de la famille étaient partis en juillet et en prononçant ces mots, elle voulait rappeler qu'il y avait deux anniversaires à commémorer. Ce que me confirma sa sœur. Je ne pus m'empêcher à la fin de ce contact d'adresser des pensées d'amour à l'esprit de cette jeune femme. Elle était si touchante...

Dans le témoignage qui va suivre, l'esprit d'une grand-mère s'interposait entre chaque contact pour que j'aille plisser la nappe de la table installée devant l'auditoire. Je mis un certain temps avant de comprendre la raison qui me poussait à agir de la sorte.

À la fin de la séance, je fus mis en contact avec l'esprit d'un homme qui disait se prénommer Pierre. Son épouse ainsi que sa fille étaient dans la salle. Il dit à travers moi : « Ah ! ma petite Lulu, je suis là, comme je suis heureux de te retrouver ! » Puis il me fit ressentir des douleurs dans la poitrine. Je compris qu'il avait subi un triple pontage coronarien ayant entraîné des difficultés respiratoires. Sa femme le confirma. Il me montra des allers et retours dans une ambulance depuis l'hôpital de Brest. Il dit qu'il avait été heureux dans la grande maison au bord de la mer et que les petites blagues de sa femme lui manquaient.

Il désigna la montre qui était la sienne et que sa femme serrait dans sa main en pensant à lui. Il évoqua la collection de timbres que l'un de ses petits-fils avait désormais en sa possession. Puis il dit : « Parle-lui du nombre vingt-six, elle va comprendre. » Sa femme écarquilla aussitôt les yeux tout en révélant que ce chiffre ne lui portait pas bonheur. Il le lui rappelait sans cesse. Le vingt-six était pour lui associé à de la malchance et cette preuve lui était donnée chaque fois qu'il le rencontrait sur sa route. « Je m'en moque aujourd'hui ! Mais c'est juste pour le petit clin d'œil. » Ayant dit cela, il interrogea sa femme : « Te souviens-tu de l'histoire de l'armoire, ma petite Lulu ? » Puis aussitôt il se mit à parler de Marie, sa belle-mère, qui se prénommait selon l'état civil Yvonne-Marie. Il tenait à cette précision ! À cet instant, mes guides m'incitèrent à aller chercher une photo sur la table. « C'est elle que je vois devant moi ? » Sa fille, assise au premier rang, me répondit positivement. L'esprit de Marie me fit alors savoir que c'était elle qui me poussait à aller plisser le coin de la nappe, exactement comme elle le faisait de son vivant. C'était une manie qu'elle avait et elle voulait, en me faisant imiter son geste, alerter sa fille qui, en me voyant faire, se disait : « Mais on dirait ma mère ! » Ce fut un moment de bonheur partagé et de franche rigolade car sa fille la reconnaissait bien là ! Ce contact médiumnique fut très riche en précision et très fort en incorporation. L'énergie de l'esprit me fit accomplir un TOC qu'il avait de son vivant, et cela pour se faire reconnaître.

Quelquefois, c'est dans une émotion intense que la personne reçoit un message. Corinne était assise au deuxième rang, la tête baissée. Elle écoutait les messages qui passaient à travers moi. Je dois dire que je ne sais rester en place durant ces conférences. Il me faut aller et venir, surtout être toujours aussi près que possible de mon auditoire. Je m'approchai de Corinne quand j'entendis : « Papa est là, parrain aussi et André ! » Lui rapportant cela, elle ne put retenir ses larmes car ces trois personnes venaient de partir récemment.

Son papa lui dit qu'il l'aimait, qu'elle devait arrêter de pleurer, qu'elle ne devait surtout pas culpabiliser, qu'il regrettait que les choses se soient passées ainsi. Il me montra une voiture dans laquelle il était assis. Sa fille était sortie pour aller faire une course. Quand elle était revenue vers la voiture, elle avait trouvé le corps de son père dans la position où elle l'avait laissé. Son âme s'en était allée. Il me montra la bouteille d'oxygène, la souffrance de sa maladie et me dit que c'était mieux ainsi.

Il évoqua Thérèse, sa maman, parla du handicap de celle-ci. Corinne confirma que sa mère était handicapée. Les trois esprits parlèrent à travers moi et l'un deux précisa : « On sait qu'elle culpabilise de ne pas pouvoir aller mettre des fleurs sur la tombe de son mari. Dis-lui que ce n'est pas grave. Papa est là, souvent à côté d'elle, quand elle pique du nez... Car elle s'endort en plein milieu de journée. Elle a pu déjà ressentir ma présence. » Son père, tout à coup, reprit sur un ton plus élevé, et c'était comme un message fortement vibré qui passait à travers moi : « Alain ! » Je ne savais s'il parlait de moi ou d'un autre Alain et, me tournant vers sa fille pour m'en assurer, j'entendis : « Alain, c'est à toi le médium que je m'adresse. Transmets ce message : Je veux que tu me promettes, à travers Alain, ici et maintenant, que tu ne feras plus de bêtises, ma fille. Pense à tes enfants, sois forte, ils ont besoin de toi. Dis, ma fille, fais-moi cette promesse ! »

Comprenant ce qui venait d'être dit, sa fille acquiesça dans un flot de larmes et je fis savoir à son père qu'elle promettait de ne plus recommencer. Il ajouta, en y mettant cette fois plus de légèreté : « Tu sais, ma fille, un de perdu, dix de retrouvés ! »

Corinne savait que son père faisait allusion à sa vie sentimentale. Elle m'avoua par la suite que ce contact médiumnique l'avait bouleversée mais qu'elle en était ressortie apaisée. Elle me répéta qu'elle avait fait promesse à son père de ne plus tenter de mettre fin à ses jours et qu'elle s'y tiendrait.

Nous remercions les proches de Corinne d'être venus lui apporter ces messages de soutien, de mise en garde et de réconfort. Ils sont présents autour d'elle et l'encouragent à poursuivre sa route, même si c'est difficile.

C'est ma récompense, mon bonheur, quand une personne reprend sa vie en main après un contact médiumnique.

Les esprits viennent aussi parfois pour dissiper un malentendu, dire un petit au revoir, quand ils n'ont pas eu le temps de le faire.

L'esprit d'un jeune homme se présenta à moi en me disant s'appeler Jean-Marc. Sa femme se trouvait en face de moi. Il venait lui dire au revoir. Ce contact qui débutait par un adieu semblait aussi difficile pour l'esprit que pour sa compagne qui, en l'entendant, fondit en larmes. Jean-Marc me montra un bateau. Il était à son bord et adressait à sa femme des signes de la main.

Je lui demandai si elle comprenait ce geste. Elle me répondit qu'il était parti en mer sans lui avoir dit au revoir. Depuis, elle s'interrogeait sans cesse sur les raisons qui avaient pu pousser son mari à partir de cette façon. Cette incompréhension la tourmentait.

L'esprit de Jean-Marc vint directement y répondre au moyen de cette première vision où il apparut sur un bateau, lui disant au revoir. Il me montra une boussole. Elle sourit : elle lui en avait acheté une avant qu'il s'en aille. Après quoi, il demanda à sa femme de bien s'occuper de leur fille. Puis il disparut avec des paroles rassurantes en déclarant qu'il les aimait toutes les deux.

Je suis appelé à me déplacer par le biais de certaines associations dont le but est de rassembler des personnes en deuil. C'est là que la médiumnité prend toute son importance lorsque, la séance terminée, le doute sur la survie n'existe plus. Lorsqu'une personne s'approche de moi à la fin d'une conférence et me dit qu'elle n'a plus peur de la mort, cette confidence est le plus précieux des trésors.

Il arrive que, timidement, les gens m'approchent et me serrent la main. Parfois, ils m'embrassent et c'est ainsi que je ressens l'amour qui nous relie les uns aux autres quand, en une sorte d'osmose, nous portons un même regard sur le divin.

Durant la période où nous nous étions perdus de vue, Michelle avait fait le deuil de Jacques, son deuxième mari.

Un jour, avant mon départ pour Bazas, en Gironde, je lui dis : « Je suis certain que l'esprit de Jacques va nous faire signe. » Je précisai que depuis deux jours, je le voyais autour de moi.

Le jour du départ, j'étais sur le quai de la gare avec Philippe et Gisèle, prêt à monter dans le train. Il était 6 heures du matin. J'entendis soudainement le bruit d'une mouche tournoyer autour de ma tête. J'en parlai à mes amis en leur disant : « Vous ne voyez pas une mouche tourner autour de moi, cela m'agace ! » Tous deux répondirent qu'ils ne voyaient rien, qu'il était impossible qu'une mouche soit déjà à l'œuvre à une heure si matinale.

Arrivés à Bazas, nous avons visité la cathédrale gothique, de toute beauté. À peine sorti du sanctuaire, j'entendis de nouveau le bruit de la mouche. Je confiai à Gisèle l'étrange sensation qu'elle ne percevait pas, qui l'étonnait. Je n'insistai pas. C'était tout simplement bizarre.

Puis vint l'heure de la conférence. Pour la troisième fois, la mouche tournait autour de moi avec un vrombissement précis. Nous sortions de l'hôtel pour gagner la salle où se tenait la réunion lorsqu'une mouche désormais réelle vint se poser sur mon front. Je m'exclamai : « Voyez la mouche dont je n'arrête pas de vous parler depuis ce matin. Elle est là, sur mon front, bien réelle ! » Tout le monde sourit, car l'insecte avait finalement consenti à se matérialiser.

Nous fûmes accueillis par la présidente de l'association de Bazas. J'étais heureux mais tout de même un peu stressé, car elle m'avait annoncé que deux cents personnes attendaient ma venue dans l'amphithéâtre.

Deux cents personnes, c'était autant d'esprits qui m'attendaient de l'autre côté. Il était certain que je ne pourrais transmettre un message à tout le monde. Toutefois, je ferais en sorte d'établir le plus de contacts possibles avec l'aide de mes guides. La salle commençait à se remplir et le stress augmentait. Tous ces regards posés sur moi, toutes ces attentes! Je priai Dieu de me donner la force d'être un bon intermédiaire.

J'aborde toujours le thème du passage dans l'au-delà, puis je réponds aux questions. Ce jour-là, on m'interrogea longuement et je fus agréablement surpris d'entendre les gens exprimer leur gratitude quant au débat que je venais de mener. Heureux, je répondis avec simplicité.

C'est avec une incorporation que je commençai cette séance de médiumnité, alors que les gens étaient à peine revenus de leur moment de pause. L'esprit d'un jeune homme laissa passer, dans une intonation bien particulière, et de plus en plus élevée, les mots suivants: «Je dirai comment je suis parti! Je dirai comment je suis parti!» À ce moment, il m'était difficile de tout contrôler. J'étais étonné de ce qui m'arrivait car c'était avec force que l'esprit d'un jeune homme voulait passer en priorité, pour réconforter sa fille qui se trouvait au premier rang. Il donna son prénom, me fit ressentir trois chocs violents, puis j'entendis des bruits de crissements de pneu et vis une voiture gris clair. C'était une terrible collision. Sa fille me confirma l'accident. L'esprit d'Éric me décrivit son départ rapide, la sortie de son corps. Il me montra sa fille qui grandissait et le manque de repères masculins que cela avait créé dans sa vie.

Il me rappela une période difficile où il avait entendu les appels de sa fille, et l'expliqua par des détails. Celle-ci comprit qu'il était là, présent à ses côtés. Il l'encouragea à poursuivre sa vie de jeune femme et lui demanda d'avoir confiance en l'avenir. Le contact s'arrêta aussi brusquement qu'il avait commencé.

Ce n'était pas la première fois qu'un esprit m'incorporait au début d'une conférence, en prenant la parole et surtout en répétant sans cesse la même chose. À Quimper, l'esprit d'un jeune homme se manifesta : « Je suis pas patient, je suis pas patient, je suis pas patient... » La personne à qui cela s'adressait m'expliqua que le jeune homme en question s'était toujours montré impatient.

À Bazas, l'esprit d'une jeune femme se présenta à moi. Elle venait pour sa maman qui se trouvait au premier rang. L'essentiel de cet instant médiumnique concernait l'eau, le mouvement de la rivière, le printemps. La maman marchait au bord de l'eau, accompagnée de son chien qui, à un certain moment, parvint à s'échapper.

La personne présente dans la salle confirma que cela avait eu lieu au printemps dernier. L'esprit de sa fille vint alors me dire : « Je l'ai retrouvé, je l'ai retrouvé ! Oh, maman, comme je t'ai vue pleurer d'avoir perdu ton chien ! » Sa fille, à travers moi, voulait lui faire comprendre qu'elle était avec elle, ce jour-là, au bord de la rivière, qu'elle avait vu son chien partir, qu'elle avait vu sa maman pleurer mais qu'elle voulait absolument lui faire comprendre que maintenant son chien était à ses côtés. Ce message était considérable. Il prouvait à la mère la présence de sa fille et la survie de son animal de compagnie.

L'esprit d'un homme me montrait l'angle de la salle, l'endroit précis où il souhaitait que j'aille adresser le message qu'il voulait transmettre. Je pus aisément reconnaître cet homme sur une photo déposée sur la table. Je la saisis et ressentis aussitôt une douleur dans la poitrine, plus précisément au cœur. On me montrait une intervention chirurgicale, le caillot de sang qui avait précipité son départ. Sa fille me confirma : « C'est de cette façon qu'il est parti. » À ce moment de la conférence, je me sentais très mal, mais cet état de malaise allait rapidement disparaître par l'incorporation d'une nouvelle énergie qui me faisait tournoyer sur moi-même. La fille de ce monsieur me regarda, ébahie de bonheur : « Il dansait exactement ainsi ! »

Ce contact fut très agréable. Je ressentis comme une vague de joie et d'humour, la présence d'un esprit heureux. Son petit-fils était dans la salle. Il avait l'habitude de lui dire une phrase et de faire un signe de la main, comme un salut militaire. Il le fit à travers moi devant toute l'assemblée. Le petit-fils l'identifia très vite.

Le dialogue se poursuivit. Il me parla de son épouse avec humour en me disant ceci : « Avec ma femme, il fallait composer ! » Sa fille eut un sourire d'acquiescement. Il parvint réellement à la faire rire et me montra une chèvre. « Oui, me dit-elle, il m'avait offert cet animal. »

Cet esprit me transmit une grande joie et je le remerciai très sincèrement. Je me dirigeai vers la table pour y déposer sa photo quand j'entendis : « Embrasse bien fort Bernard ! » Je me retournai pour demander qui était Bernard. « C'est mon frère », me répondit-elle, les yeux embués par l'émotion.

Le contact qui suivit fut vraiment désagréable car je me trouvais dans une vibration négative, je ressentais des douleurs à la nuque, je parlais d'un homme qui s'était pendu. Sa famille se trouvait dans la salle. Celui-ci me communiqua son prénom. Il me fit ressentir ses regrets, le mal-être qui était le sien, les raisons qui l'avaient poussé à mettre fin à ses jours. Il voulait que je transmette tout son amour à sa fille. Il évoqua une période difficile qu'elle avait traversée, et en particulier une déception sentimentale. Il avait entendu les appels de sa fille depuis l'au-delà et était présent en esprit à ses côtés bien qu'elle n'ait pu le voir. Cette personne pleurait dans la salle en comprenant que son père ne l'avait pas vraiment quittée. Il l'encouragea à poursuivre sa vie de jeune femme, à avoir confiance en l'avenir. Le contact s'arrêta aussi brusquement qu'il avait commencé. Il peut se trouver que le contact soit bref et que l'esprit aille directement à l'essentiel.

Lors d'une conférence, je rencontrai une femme qui sollicitait son père par l'intermédiaire de différents médiums. Elle recevait régulièrement des messages, quand l'un d'eux vint lui dire, avec humour : « C'est encore moi, je n'ai plus rien à te dire, il ne faut plus me déranger ! » Tout de même, il est difficile de recevoir un tel message.

Un contact médiumnique peut être déstabilisant quand la réponse ne va pas dans le sens que l'on souhaiterait. Une personne pose une question à l'esprit de son père au sujet d'une montre de valeur qu'elle ne retrouve pas. L'esprit du père lui répond : « Ce ne sont que des choses matérielles sans importance, tu dois le comprendre ! » La fille concernée par ce message répond en rechignant : « Ce n'est pas normal. On aurait pu me dire où se trouvait la montre ! »

Le contact médiumnique perd de sa valeur quand une personne place en avant le côté matériel. Chacun évolue à son rythme mais c'est toujours décevant pour moi, et pour l'esprit, de comprendre que le proche a encore du chemin à parcourir…

« Il faut apprendre à se détacher des biens matériels » est une formule que j'entends souvent. En salle, je ne fais pas de voyance mais de la médiumnité. Souvent, les gens pensent que les esprits, à travers moi, livreront des solutions à des problèmes matériels. Ce qui pour moi est inconcevable. Les esprits ne donnent pas de message sur l'avenir mais décrivent la relation qui nous unit à eux avec suffisamment de détails pour que nous puissions aisément les reconnaître.

Quand une personne a des préoccupations matérielles, je l'invite à prendre un rendez-vous de voyance en privé au cours duquel mes guides spirituels lui donneront les réponses. Il ne faut pas confondre voyance et médiumnité !

C'est dans une énergie de joie, d'amour et de compassion que s'acheva la conférence à Bazas. Mais, avant de changer de région, je voudrais vous raconter le signe qu'un ami de l'au-delà nous fit au cours de ce voyage. Je vous ai déjà parlé de mon amie Michelle, de Bordeaux. Cela faisait plusieurs années que nous ne nous étions pas vus. Au téléphone, nous avions décidé de passer la soirée ensemble.

Ce soir-là, Michelle évoquait le départ de Jacques qui, au cours de la conférence, avait fait une brève apparition et transmis un message. Elle me dit qu'elle le surnommait « la Mouche ». Le jour de sa mort, alors qu'elle était à ses côtés, une mouche s'était mise à voleter entre eux deux. Par mégarde, Michelle l'avait écrasée. En plaisantant, elle avait confié à Jacques : « Tu vois, cette mouche, c'est comme l'enfant que nous aurions pu avoir ensemble et que nous n'avons pas eu ! » Elle nous dit qu'à l'instant où la mouche avait été écrasée elle avait eu l'intuition que Jacques allait mourir sans tarder. J'ai alors compris la signification de mon histoire avec cet insecte. Depuis Quimper, Jacques ne cessait de me tourner autour en m'adressant des « messages » au moyen d'une mouche. C'était un signe de l'au-delà. Un petit détail que Jacques avait choisi pour nous signaler sa présence.

Dans le train qui me rapprochait de Bordeaux, ma mémoire faisait refluer des images. En repensant à cette ville, j'éprouvais des impressions contrastées. J'y avais certes beaucoup souffert mais c'était à Bordeaux que j'avais reçu comme un cadeau de ma grand-mère quatre révélations qui allaient changer le cours de mon existence. Tandis que je songeais à cela, l'esprit de mon ami

Richard fit son apparition, communiquant son énergie et me faisant écrire: «Je suis avec toi. Tu verras, tout va bien se passer!» Comment ne pas remercier Richard d'être venu ainsi m'encourager à poursuivre cet inoubliable voyage!

Une quinzaine de jours plus tard, une conférence fut programmée à Challans, en Vendée. Dans une belle énergie d'amour, nous fîmes connaissance de toute l'équipe associative vouée à l'aide de personnes en deuil. Les contacts, ce jour-là, furent puissants. Une femme s'apprêtait à me poser une question, alors que la séance médiumnique n'avait pas encore commencé, quand l'esprit de sa mère m'apparut: «Dis à ma fille que je suis là!» Elle venait de perdre sa maman. Je ressentis comme une impatience de l'autre côté. Les esprits étaient présents dans la salle.

La séance médiumnique démarra. Mes guides me dirigent vers la droite de la salle. J'avais le sentiment que je devais intervenir pour aider au soulagement des peines. L'esprit d'un homme se tenait derrière sa femme. Il y avait dans sa manière une sorte de réserve. Mes guides me poussaient vers sa femme car l'esprit du mari hésitait à me parler.

Je ressentis une douleur soudaine à la poitrine, qui me fit comprendre que l'homme était décédé d'un infarctus. Sa femme me le confirma. Le départ avait eu lieu neuf mois plus tôt. Pour je ne sais quelle raison, je fus poussé à prendre la main de cette personne. Je devinai que le dialogue avec son mari serait ainsi facilité. Mes guides m'y incitaient. Je savais, au fond de moi-même, que le contact serait interrompu si je lâchais la main. C'est alors que ces mots passèrent à travers moi : « Ma puce, ma petite puce, je suis bien là, j'ai bien senti ta main avant de partir. » C'est dans une émotion intense que sa femme reçut ce message. L'esprit de son mari me fit ressentir son humour et la joie de vivre qui était la sienne de son vivant.

Elle hésitait à se débarrasser d'une horloge météo qu'il avait achetée. L'esprit dit à travers moi : « Tic tac, l'horloge météo, fais-en ce que tu veux ! » Sa femme n'en revenait pas. Son mari avait capté chez elle cette interrogation. Il parla de signes qu'il avait envoyés en se servant de la chaîne hi-fi. Elle me confirma en souriant qu'elle les avait reçus. Je poursuivis en comprenant que je ne devais surtout pas lâcher la main de cette dame. L'esprit de son mari me donna son prénom. Il s'appelait Noël. À présent, il voulait parler de son frère. Il me donna son prénom, Éric, et dit à sa femme : « Pardonne à Éric et à toute la famille de ne pas avoir été là quand j'avais besoin d'eux. » Puis il ajouta : « Éric a une moto. Il faut qu'il soit prudent sur la route ! » Un détail que sa femme attesta. Enfin, il fit cette remarque : « Tu sais, notre petite fille, je l'ai retrouvée ! » Cette enfant était partie dans l'au-delà plusieurs années auparavant.

Tout à coup, dans des vibrations plus basses, je me sentis plongé à nouveau dans la souffrance. Avant l'infarctus qui l'avait emporté, il avait été opéré et une erreur avait été commise. Son épouse me le confirma en pleurant.

Mes guides me firent alors comprendre que la fin du contact approchait. Je lâchai la main de cette femme, quand tout à coup l'esprit du mari déclara : « Ne reste pas sur cette intervention, ma puce. C'était un petit clin d'œil pour te prouver que je suis bien là et que je t'aime. »

Je terminai ce contact en éprouvant une baisse d'énergie. Il avait duré près d'une demi-heure. D'autres esprits attendaient, que je voyais tantôt à droite, tantôt à gauche. Cette conférence allait se poursuivre avec des détails de survie extrêmement précis, faisant jaillir dans l'auditoire une kyrielle de *oh!* et de *ah!*

Mes amis me parlent souvent, après mes conférences, des réactions de la salle car, lorsque je suis en médiumnité, je n'entends rien de ce qui s'y passe. Ce n'est qu'au moment du débriefing que je prends conscience de ce qui a eu lieu.

Ce jour-là, mes guides me firent comprendre que j'avais deux deuils récents à soulager et que c'était une femme vers laquelle je devais alors aller. J'entendis le prénom de Patricia. Elle était dans la salle et je distinguais autour d'elle deux esprits assez jeunes. « Ce sont mes neveux », me dit-elle.

Ils désiraient parler ensemble à travers moi et ils finirent par le faire, mais à tour de rôle. L'énergie présente était incroyablement forte et empressée. Ils étaient comme deux gamins impatients !

Le plus petit me montra un ventre éclaté, du sang et une carabine ! Sa tante pleurait. Je ressentis son émotion, lui proposai de revenir plus tard. Non, elle ne voulait pas. C'est difficile pour moi de faire abstraction de la souffrance que ressent la personne qui reçoit un message. Le petit me montra le nombre treize. Sa tante confirma qu'il était parti à treize ans. Il me dit qu'il aimait pêcher et que, dans l'au-delà, il y avait des poissons qui volaient !

Le plus âgé me montra le nombre vingt-neuf qui était son âge au moment de son accident de voiture. Il donna son prénom à travers moi : Mickaël. Il me parla de sa vie terrestre, une vie où il aimait plaire, surtout aux filles. Il me dit que cela avait été son heure, qu'il avait dû partir ainsi. Il dit à sa tante : « Embrasse bien mon frère David ! »

Patricia était à présent entourée d'une énergie féminine. Elle devait faire le deuil de trois personnes. Je captais la présence de sa sœur Chantal. Celle-ci me dit qu'elle l'aimait et qu'elle devait poursuivre sa route. Elle me montra une vieille maison possédant deux jardins, l'un face à l'entrée, l'autre à l'arrière. C'était là qu'elle vivait. Elle me dit : « À l'hôpital, tu étais là un jour avant, mais pas celui où je suis partie, mais ne culpabilise pas pour autant ! » Patricia acquiesça. Alors l'esprit de Chantal vint donner un détail qui ne pouvait faire planer aucun doute sur sa présence. Elle me montra l'heure de sa mort : 12 h 15 !

Sa sœur cria : « Oui, c'est vrai, c'est à cette heure qu'elle est partie ! » En même temps qu'une grande émotion me gagnait, je me sentais vidé de mes forces. Je demandai de l'énergie pour pouvoir continuer car j'en avais besoin, ayant le sentiment que les contacts établis au cours de cette conférence seraient plus longs, et surtout riches en détails et en preuves de survie.

À peine étais-je remis de ce long contact qu'une voix me parla : « Veux parler à Christiane, Hélène ! » Je répétai bien fort ce que je venais d'entendre, cherchant dans l'auditoire une possible Christiane, une éventuelle Hélène. La première était là, assise au fond de la salle. Elle me dit qu'Hélène était sa sœur.

Je m'adressai à elle: « L'esprit de votre maman est là. Elle me montre comment elle était du temps de son vivant et je peux décrire la manière dont elle s'habillait, le lieu où elle vivait. » Elle me parla ensuite de Christiane, de ses difficultés à pouvoir pardonner à son ancien mari, lequel cherchait à aller de l'avant. Elle dit à travers moi: « Tu m'appelles souvent, mais je ne peux rien faire. Tu me demandes toujours la même chose! » Christiane remarqua que c'était bien vrai. Sa mère désigna sa tombe, un ciel gris et Christiane échangeant avec elle les mêmes propos. Puis elle se mit à évoquer Hélène qui, selon elle, n'allait pas très bien dans sa tête. Ce que Christiane confirma aussitôt.

L'esprit de cette dame semblait porté par un mélange de joie et d'ironie. Elle continua en me montrant la robe que sa fille avait choisie pour l'habiller dans son cercueil. C'était un clin d'œil qu'elle lui adressait. Christiane s'en amusa. « Oui, c'est moi en effet qui ai choisi cette robe! » Et j'entendis de l'autre côté les rires de la maman.

Elle me signala un homme à ses côtés. C'était son mari. Ils étaient partis l'un après l'autre à deux mois d'intervalle. Le père des deux sœurs me montra son costume du dimanche, celui qu'il aimait porter pour se rendre à la messe. Christiane était heureuse de le reconnaître tel qu'il était de son vivant, exprimant avec passion son goût pour le jeu de palets. Sa femme ajouta qu'ils aimaient y jouer ensemble. Puis elle m'indiqua trois décès survenus dans la même année: le sien, celui de son papa et de son frère Jean. Elle insista pour que sa fille aille rendre visite à sa sœur Hélène car elle n'était pas du tout en forme. Elle rappela le contenu de sa dernière conversation téléphonique avec Christiane, l'embrassa puis disparut.

Cette conférence était pleine d'émotions. Ceux qui ne reçurent aucun message ce jour-là avaient compris leur importance et l'espérance qu'ils généraient. La salle baignait dans de belles vibrations.

Je fus attiré sur la gauche de la salle par l'esprit d'une femme qui me montra sa fille et sa petite-fille, toutes deux assises l'une à côté de l'autre. Elle souriait et voulait, aussi simplement que cela, leur faire comprendre sa présence. Je pris sa photo sur la table et, avec beaucoup d'amour, elle parla à travers moi des problèmes de santé de sa petite-fille. Elle décrivit précisément les soucis qu'elle avait et qui concernaient ses articulations. Sa petite-fille me fit aussitôt un signe approbateur de la tête. L'esprit de cette dame demanda à sa fille d'aller rendre visite à son frère Pierre qui demeurait à La Rochelle. Elle aimait tant les voir réunis. Elle dit : « Papa est à côté de moi. » Il m'apparut à cet instant, évoquant l'Allemagne où il avait été déporté, son évasion et son engagement dans la Résistance. Sa fille me confirma ces dires et c'est alors que se présenta l'esprit de la grand-mère maternelle. Elle était si contente de revoir sa petite-fille et de lui rappeler de bons souvenirs. Cette dernière confirma tout ce qu'elle entendait, comme la vision d'une armoire bien rangée. L'esprit rappela à sa petite fille ses propos lorsqu'elle rentrait dans sa chambre, relevant l'odeur d'un parfum entêtant de fleurs. « Oui, je m'en souviens », répondit-elle.

Ayant rapporté ces faits, la grand-mère passa à tout autre chose : « Te souviens-tu, ma petite-fille, du jour de l'enterrement ? Le prêtre a répété deux fois le même verset ! Je le sais car j'y étais ! » Les larmes aux yeux, sa petite-fille bouleversée reconnut : « Mais oui, c'est exact ! » L'esprit de cette dame termina la conférence sur cette note d'humour !

Quelle preuve de survie ! On venait de démontrer, une fois de plus, que nos chers disparus assistent souvent à leurs propres obsèques. Il arrive que les esprits me parlent du jour de leur enterrement en me renseignant sur leur présence, ainsi que venait de le faire l'esprit de cette dame au cours de ma conférence à Challans.

En consultation

Quand une personne vient me consulter, je lui explique le déroulement de la séance qui peut s'orienter vers la clairvoyance, la claire audience ou la médiumnité. Il importe de bien distinguer ces trois points.

Dans la clairvoyance et la claire audience, ce sont mes guides spirituels qui me donnent des informations sur la personne qui me consulte au moyen de perceptions visuelles, auditives ou mentales. Cela afin de l'aider à mieux comprendre ses expériences de vies.

La médiumnité est le fait de pouvoir entendre ou voir (les deux s'effectuent parfois simultanément) les esprits qui, dans un contact médiumnique, livrent des détails que seuls l'esprit et la personne placés devant moi sont à même de reconnaître : des secrets de famille par exemple, des souvenirs communs... Le véritable contact médiumnique ne donne pas d'informations sur l'avenir mais décrit la relation qui existait entre le vivant et le défunt.

Je dis toujours qu'un voyant est une personne qui a la capacité d'embrasser le passé, le présent et le futur de la vie d'une personne. Un voyant n'est pas médium. En revanche, un médium est obligatoirement voyant. De surcroît, il voit les plans parallèles où vivent les esprits.

Quand la consultation s'oriente vers la clairvoyance ou la claire audience

Une personne qui me consulte s'installe confortablement face à moi sans me dire aucun mot de sa vie. Je demande à mes guides de me transmettre les informations nécessaires pour aider cette personne. Cela se traduira par des perceptions aussi bien visuelles qu'auditives ou encore mentales.

Cathy, de Quimper, témoigne :

« Alors que je traversais une période difficile de ma vie, je me suis décidée à consulter Alain Joseph. Il me reçut chaleureusement. Je sentis tout de suite qu'il émanait de lui une grande gentillesse. Je crois sincèrement qu'une personne bénéficiant d'un don doit posséder ces qualités.

Je fus très étonnée de le voir regarder derrière moi et de l'entendre me raconter, les yeux dans le vague, ma situation professionnelle catastrophique et le dépôt de bilan de mon affaire. Il me décrivit ma vie sentimentale et familiale dans les moindres détails, me donnant les prénoms de mon mari, de mes parents, de mes enfants.

Je ressens le besoin, de temps en temps, de faire le point avec lui. J'ai consulté plusieurs voyants ; son travail est selon moi le plus juste et le plus détaillé.

Alain Joseph peut aussi dire des vérités qu'on ne veut pas entendre. Je vous donne cet exemple qui fut pour moi marquant. Au cours d'une consultation, il ne m'annonce que des catastrophes, des événements négatifs et attire mon attention sur un nombre important de pièges à éviter. Je ressors de chez lui si dépitée que dans un mouvement de grande colère, je déchire les feuilles sur lesquelles je prenais des notes et les jette dans la rivière.

Geste que j'ai rapidement regretté en constatant que les événements prédits faisaient partie de ma réalité. Je n'avais qu'à me rendre compte que le négatif, il le décrivait aussi bien que le positif. Comme j'ai regretté d'avoir jeté ces notes ! J'ai compris qu'il m'avait aidée à me préparer à cela et que je n'avais pas voulu l'entendre.

À chaque rencontre, je le sens capable de préciser mes émotions, mes déceptions et les états psychologiques dans lesquels je vais me trouver à chaque vision qu'il décrit ! C'est incroyable ! J'ai fini par analyser qu'avec son hypersensibilité il arrivait à se mettre à ma place.

Je suis une personne sensible à la spiritualité et je sens qu'Alain Joseph a la même démarche. Nous avons en commun la certitude que ces expériences sont des leçons de vie, et qu'il faut savoir en tirer profit pour grandir. D'avoir été prévenue par son intermédiaire m'a aidé à affronter la vie et à mieux comprendre ce que j'avais au plus profond de moi-même. Je le remercie pour son extra-lucidité et l'aide qu'il m'a apportée. »

Le but que je poursuis est d'aider une personne à affronter une situation difficile, à la contourner quand c'est possible. Je tente de redonner espoir à ceux qui croient que tout est fini et que la vie n'apporte plus que des malheurs. C'est un grand soulagement quand l'on me montre la lumière au bout du chemin.

Danièle croyait que dans la situation qu'elle vivait, il n'y avait aucun espoir.

« Lorsque la vie ressemble à une eau trouble dans laquelle vous tentez de surnager, le hasard est là qui vous fait un clin d'œil, vous envoie un signe, peut-être un nom, une personne jusque-là inconnue et que vous devez rencontrer.

Alain Joseph est de ces personnes à l'écoute des autres que j'ai eu la chance de consulter, à un moment où le doute et l'incertitude envahissaient ma vie.

Ma démarche n'était pas fondée sur le fait d'obtenir une réponse, mais une aide, et peut-être une compréhension. Avec un recul de six semaines après ma rencontre avec Alain Joseph, je dirais qu'en faisant l'analyse de la consultation celle-ci s'est déroulée en deux parties.

La première, que je nomme *le matériel*, s'articule autour de faits, facilement vérifiables, dans lesquels je retiens des éléments faisant partie du moment présent. Alain Joseph a pu décrire mon métier très précisément. Il a situé mon bureau dans un angle, les couleurs et la décoration de celui-ci. Il a précisé que je m'occupe de gestion dans le secteur de l'import-export. Je suis comptable et gérante d'une société de ce type. Il a ensuite pu donner des éléments relatifs à mon logement, jusqu'à la disposition des pièces, le revêtement des murs et le design de mes meubles. Il a donné la teinte de ma voiture. Il a su décrire des événements passés, liés à ma vie sentimentale, a pu donner le prénom de mon compagnon, ceux de mes parents et de mes meilleurs amis.

Cette description des éléments de ma vie me renforçait dans l'idée que les propos d'Alain Joseph concernant ma grande préoccupation allaient se révéler exacts.

J'appelle la deuxième partie *l'essentiel.*

Entendre quelqu'un que vous ne connaissez pas vous cerner avec autant de justesse est à la fois déconcertant et réconfortant. Je dois pourtant dire que je n'étais pas tout à fait rassurée en entrant dans le bureau d'Alain Joseph. Je venais à peine de m'installer lorsqu'il me révéla : "Vous, vous avez des difficultés à avoir un enfant. On vous a dit que cela ne pourrait pas être possible, n'est-ce pas ?"

J'étais abasourdie. D'une façon décousue, mais toujours cohérente, il a évoqué mes problèmes de santé, de gros problèmes gynécologiques... J'attendais le résultat d'examens.

J'étais tellement convaincue de la véracité de ses propos que je pensais vraiment que le "oui" ou le "non" de conclusion allaient décider de mon avenir. Peut-être était-ce une lourde responsabilité à faire porter à quelqu'un d'étranger à ma vie ?

Et pourtant, après une période d'une année de doute et de souffrance, et alors que la médecine m'avait condamnée à ne pas avoir d'enfant, entendre Alain Joseph me dire que cet enfant verrait le jour était la plus belle chose au monde.

Alain Joseph m'annonça deux fausses couches avant cette naissance. Il me parla aussi d'une adoption mise en place avant la grossesse. Que dire de l'adoption d'un enfant, évoquée par Alain Joseph, si ce n'est qu'aussi extraordinaire que puisse paraître cette démarche, elle était déjà, depuis quelques mois, présente à mon esprit ?

Après un an d'épais brouillard, une heure passée avec Alain Joseph m'avait redonné une confiance en l'avenir et m'avait réconciliée avec moi-même. Le brouillard s'est désormais dissipé. Comme me l'a dit Alain Joseph : "Avec le soleil, tout rentrera dans l'ordre."

Oubliés toutes ces heures passées dans les hôpitaux, tous ces examens éprouvants, toutes ces interrogations que laissaient subsister les médecins. Une heure passée avec Alain Joseph a suffi à donner vie à mon enfant. Merci. »

Quelques mois plus tard, j'appris que Danièle, pleine de courage, avait fait deux fausses couches, ainsi que je l'avais prédit, et qu'elle avait mené à bien sa troisième grossesse, donnant vie à une ravissante petite fille. Alors, et avec beaucoup d'émotion, j'ai remercié mes guides d'avoir pu redonner espoir à une femme à qui la médecine avait affirmé qu'elle ne serait jamais mère.

Ma mission, comme je la nomme, est aussi d'aider à éclairer le chemin d'une personne, même quand cela est difficile. Certaines visions peuvent être douloureuses à décrire, mais à travers celles-ci, je dois insuffler de la volonté, de l'énergie pour aller de l'avant.

Christine devait aider une personne en souffrance dans un service hospitalier. Elle entendit au cours de la consultation des éléments positifs.

« Cela fait six ans que je suis veuve, et après nombre de galères, ma vie semble prendre un nouveau tournant, mais je ne sais que penser, je suis complètement désorientée.

C'est alors que me parvient le nom d'Alain Joseph Bellet. Je prends avec lui un premier rendez-vous.

D'emblée, je suis impressionnée par sa personnalité, également par l'atmosphère qui règne dans son bureau. Tout y est paisible.

À peine assise, il me parle d'un hôpital où je me rends plusieurs fois par semaine. Il me voit rendre visite à une femme qui a eu un accident. "Elle ne vous voit pas, me dit-il, elle ne vous entend pas. Elle est ailleurs, dans son monde qui n'est déjà plus le nôtre." C'est incroyable. Il décrit ma réalité.

Il me cite le prénom d'un homme qui compte déjà beaucoup pour moi et que j'accompagne à cet hôpital, dans la douleur de voir son épouse dépérir. Alain Joseph déclare que ma démarche est pleine de beauté et de compassion. C'est un acte d'amour, selon ses propres mots. Il souligne que nos vies, avec cet homme, sont liées, et que nos sentiments vont évoluer et nous aider à vaincre les épreuves.

Le fait de le savoir me rassure et me conforte dans l'idée que je suis là pour aider deux personnes à traverser cette période éprouvante. Puis Alain Joseph aborde un sujet matériel qui me tient à cœur. Il me parle de ma maison et ajoute qu'elle sera vendue à des étrangers. Peu de temps après, je la vends à des Autrichiens. C'est un soulagement pour moi, car je cherchais à m'en séparer depuis un assez long moment.

Il me parle d'un voyage à l'étranger très heureux et pas du tout prévu. Je pense que c'est impossible à cause de mes visites à l'hôpital. Mais de bonnes fées œuvrent et en mars de l'année suivante, je pars au Sénégal. Le dernier jour de ces vacances, j'ai une impression de déjà-vu. En fait, la scène qui se déroule sous mes yeux avait été décrite par Alain Joseph. Hallucinant ! Que du bonheur !

Alain Joseph aura su me parler du négatif dans sa réalité mais également du positif, ce qui m'aida à poursuivre ma route. Je le remercie du fond du cœur. »

Ici, Christine passe la plume à Philippe avec lequel elle a de nombreuses fois échangé.

« En allant à la rencontre d'Alain Joseph, je l'avoue, j'étais sceptique. Mais, dès qu'il m'a fait entrer chez lui, j'ai senti que quelque chose de positif allait se passer.

En effet, Alain ne me connaissait pas. Il ne pouvait donc faire le lien avec Christine. Mais, au bout de quelques minutes, sans me poser une seule question, il me décrit ma vie telle qu'elle est. Il voit mon épouse, dans une chambre d'hôpital. "Elle est là, me dit-il, mais pas son esprit. Elle est comme dans un coma profond."

Vient ensuite la description de mes deux enfants, très différents l'un de l'autre. Il me précise leur prénom et le caractère de chacun. Il me décrit ensuite la personne qui m'accompagne à l'hôpital et qui s'occupe, entre autres, du linge de mon épouse. Il me relate ensuite les conflits avec certaines personnes de mon entourage, et particulièrement avec ma fille. Il me voit aussi faire des plans pour une nouvelle maison, me décrit le futur terrain et me signale plusieurs grandes lignes de ce projet. Tout cela, couché noir sur blanc par Alain Joseph, s'est réalisé. Y compris une prédiction me voyant dans une voiture grise, flashé par un radar sur un pont ! J'ai en effet été flashé à la sortie du pont d'Aquitaine à Bordeaux. Je vous laisse deviner la couleur de la voiture.

Mon épouse, quant à elle, est décédée, comme l'avait vu Alain lors de notre rencontre, et ce après six années et demie de coma. Les paroles d'Alain Joseph m'ont beaucoup aidé à me préparer à son départ et à assumer ce deuil. Je l'en remercie. Son aura et sa sensibilité m'ont profondément marqué, et j'y pense très souvent.

J'ajoute qu'aujourd'hui j'habite dans ma nouvelle maison avec celle qui m'accompagnait à l'hôpital et qui partage désormais ma vie. »

Quand une personne vient de l'étranger, ce sont bien sûr des noms ou des prénoms dans une autre langue que j'entends. Cela peut parfois surprendre.

Michèle témoigne :

« Après avoir vécu vingt-cinq ans en Allemagne, de retour en France, je me suis sentie perdue. Ma meilleure amie consultait un médium dont elle me vanta les qualités. Bien que de nature cartésienne, je me suis quand même laissée aller à prendre rendez-vous.

L'atmosphère de la pièce dans laquelle Alain Joseph me reçoit me met mal à l'aise. Je vois le crucifix, la statue de Jésus et différents saints. J'ai envie de partir mais je me raisonne et j'essaie de me calmer. Quand il commence à me parler d'esprits, je me dis : "Chez qui suis-je tombée ?"

Je suis étonnée de l'entendre me parler de ma vie en Allemagne en me donnant les noms des personnes que je connais, sans que je lui aie dit quoi que ce soit ! Comment a-t-il su que je venais d'Allemagne ? Comment a-t-il trouvé les prénoms des personnes que je côtoyais ?

Franz, par exemple, qui est un ami proche. Il me décrit le lieu où il vit, et la nature de notre relation. Klaus avec qui il me dit que j'ai vécu plusieurs années… Je vais de surprise en surprise quand il me décrit mon travail, me parle des déplacements que je fais régulièrement à Bruxelles et du bâtiment dans lequel je me rends si souvent, sur lequel flotte le drapeau européen. Il me donne une partie de mon nom de famille, je n'en reviens pas.

Le visage d'Alain Joseph s'assombrit. Il me dit: "Je suis désolé pour votre amie Ingeborg qui a des problèmes de santé." Il me conseille de bien en profiter et de lui rendre visite avant qu'il ne soit trop tard. Je suis époustouflée!

Il voit les problèmes de santé de mon père, me parle d'une intervention aux yeux, de sa prothèse. Des faits qui se sont très vite réalisés.

Alain Joseph me parle d'Angers! Ma sœur habite cette ville. Il me raconte deux voyages successifs en Allemagne, et plus particulièrement un voyage en Autriche, alors que cela n'était absolument pas prévu. Les lieux sont précisément décrits. J'ai pris des photos, c'est exactement cela!

Quelques consultations avec lui m'ont aidée à aller de l'avant de façon plus positive dans la vie. Merci.»

Au cours d'une consultation, je me dois de dire ce que je vois ou ce que j'entends et ce n'est pas toujours plaisant. La personne qui vient à moi espère généralement de bonnes nouvelles.

Stéphanie, de Paris, raconte:

«La première fois que j'ai rencontré Alain Joseph Bellet, c'était au mois de septembre. Un de mes proches amis m'avait parlé de lui et de son don d'une façon telle que je voulais prendre rendez-vous avec lui. Je crois beaucoup à la voyance et cette démarche m'intéresse depuis plus de dix ans. Je n'étais donc pas à une consultation près.

Je dois dire que le premier rendez-vous a été assez glacial. Aucun feeling avec cet homme. De plus, j'avais très envie d'aller aux toilettes. Il m'a répondu que ce n'était pas possible. Ça m'a étonnée et contrariée, surtout après un voyage en avion depuis Paris.

La première consultation ne m'a pas plu. J'ai été déçue car Alain Joseph Bellet ne m'a pas dit ce que j'avais envie d'entendre. Avec le recul, je dois dire qu'il avait eu raison sur tout. J'étais allée le voir pour des questions sentimentales.

J'ai été plus que déroutée lorsqu'il m'a dit ressentir la présence d'un esprit autour de moi qui portait une casquette et s'appelait René. C'est le prénom de mon grand-père! Il avait un message pour moi: "Ce garçon n'est pas fait pour toi."

Je n'étais pas satisfaite de ce que je venais d'entendre, mais il faut bien admettre que j'ai été mise en face de beaucoup de vérités. Alain Joseph m'avait donné le prénom de mon grand-père. Il l'avait vu avec cette casquette qu'il ne quittait jamais. Enfin, il avait eu cette formule que lui avait transmise René: "Je t'aime, ma petite!" C'était les derniers mots de mon papi avant de mourir sur son lit d'hôpital!

À propos du garçon pour lequel j'avais consulté, Alain Joseph m'avait dit qu'il habitait dans le Sud, qu'il n'était pas disponible dans sa tête et qu'il y aurait une rupture avec une fausse réconciliation. Tout cela s'est avéré.

Le temps a passé et j'ai consulté d'autres voyants, mais le souvenir d'Alain Joseph reste le meilleur. Peut-être avais-je besoin de temps pour être prête à entendre ce qui ne me convenait pas forcément. Avec le recul, je dois dire que la méthode d'Alain Joseph est très avantageuse. Il dit ce qu'il voit ou ce qu'il entend, même si ça ne fait pas toujours plaisir.

J'ai revu quelque temps plus tard l'ami qui me l'avait présenté. Ce dernier en était très satisfait. Le connaissant bien, j'ai pu constater que ce qu'Alain Joseph lui avait prédit était la pure réalité. J'ai donc pris la décision de recontacter ce médium. La conversation téléphonique a été agréable. Je lui ai adressé une photo par courrier et le retour de son travail a été frappant, une fois de plus.

Il a décrit ma situation professionnelle avec des termes exacts : cession de bail, fonds de commerce, murs à vendre, déplacements, trousseau de clés… Il faut savoir que je suis dans l'immobilier et que je me déplace dans toute la France. J'étais stupéfaite !

J'ai appelé l'ami qui nous avait présentés pour lui demander s'il n'avait pas communiqué avec Alain Joseph pour lui parler de ma vie. Sa réponse a été négative.

Alain Joseph me parla d'une Sophie qui allait mal. Elle m'appelait presque tous les jours car elle faisait une dépression. Il me parla d'une salle de gym avec des femmes et d'activités un peu plus spirituelles. Je me suis inscrite dans une salle de gym, majoritairement féminine, et je fais du yoga.

Au niveau sentimental, il me fit la description de la personne avec laquelle j'étais. Le portrait était le bon. Mieux : il me donna son nom, à consonance juive ! Il me parla de son caractère, me dit qu'il n'avait pas confiance en lui, et qu'il gardait au fond de lui une blessure mal cicatrisée. Pour cause, il était profondément marqué par le suicide de son père et la perte de son enfant. Tout était vrai !

Selon moi, Alain Joseph est le meilleur des médiums. Si mes débuts avec lui ont été difficiles, j'ai désormais entièrement confiance dans ses paroles, même quand elles ne me font pas plaisir. »

Jeannine parle de ses consultations. À chaque visite, elle se prépare à tout entendre.

« J'ai eu la chance de rencontrer Alain Joseph Bellet grâce à une collègue de travail. Alain a un don formidable et n'essaie pas de vous servir un discours préfabriqué visant à faire plaisir, bien au contraire. Il décrit ce qu'il voit ou ce qu'il entend. Il est ferme quand ses visions sont précises et il sait prononcer les vérités que l'on hésite à s'avouer soi-même. J'ai été, et je le suis toujours, impressionnée par le nombre de détails parfaitement exacts qu'il a mentionnés au sujet de mon entourage, mes enfants, mes amis, ma famille, et je ressors de chaque consultation confortée dans mes propres intuitions, mais aussi éclairée sur certains points que j'avais ignorés ou négligés. Ses informations sont très précises concernant le passé. J'ajoute qu'Alain est très agréable. Il possède un tact incroyable pour faire passer les messages les plus difficiles. Et c'est très bouleversant quand il entre en contact avec des personnes décédées. Si vous êtes perdu, je vous recommande de le consulter. Je le remercie du fond du cœur. »

Quand la consultation est un mélange de clair-voyance, de claire audience et de médiumnité

Marie-Thérèse et Roland témoignent :

« Chaque rendez-vous avec Alain Joseph est une aventure doublée d'un plaisir, l'occasion de faire le point sur l'avenir et de recevoir la visite de nos chers disparus.

Nous sommes accueillis dans son bureau. Il ne connaît que notre prénom et nous demande de ne rien lui dire. Il nous installe face à lui, regarde derrière nous et les prédictions commencent : visions d'avenir, du passé, alternant avec des informations sur notre vie actuelle.

Marie-Thérèse : Lors de mes premiers rendez-vous, alors que je ne connaissais pas encore l'homme qui allait devenir mon compagnon, il me le décrivit avec précision. Quelque temps plus tard, alors que la rencontre avait eu lieu, il me détailla la maison que nous allions acquérir alors que nous n'avions entrepris aucune recherche pour la trouver.

Sans les connaître, il m'a parlé de mes enfants, de mes parents, de leurs problèmes de santé, et m'a préparée au départ de ma mère qui s'en est allée il y a plus de trois ans maintenant. Il m'a décrit avec précision mon lieu de travail, la couleur des murs, l'atmosphère et les changements à venir.

Au cours de certains rendez-vous, j'ai reçu quelques *visites* (car il ne faut pas oublier qu'Alain est avant tout médium) : celle de ma grand-mère, notamment, que j'ai très peu connue (elle est décédée quand j'avais neuf ans) et qui est venue me saluer. À un certain moment, j'ai entendu Alain Joseph dire ceci : "Quand il faut y aller, il faut y aller !" C'était une expression que ma grand-mère employait fréquemment et que je lui ai volée ! Elle a dit à Alain Joseph que je la répétais souvent.

Elle s'est présentée à lui en costume breton, noir avec une coiffe blanche, comme elle avait toujours été vêtue. Elle a révélé son prénom, à travers lui, et nous a décrit l'endroit où elle avait vécu pour qu'on puisse vraiment y croire. Elle a dit quelque chose d'important : "Fais attention à Louise !" Louise est le prénom de ma mère qui, à l'époque, était toujours de ce monde.

Nous alternons les rendez-vous, mon mari et moi. Le dernier a été pour mon mari. Il a été très impressionné par la présence de plusieurs esprits et par la précision des visions d'Alain Joseph, notamment au sujet de la santé de mon père. Alain Joseph a vu l'esprit de Louise en train de lui dire : "Toute la famille doit se préparer au départ de papa, je viendrai le chercher. Il perd la tête, il ne faut pas s'inquiéter, c'est dans l'ordre des choses." Alain Joseph lui a décrit Louise de son vivant, habillée de sa blouse sans manches. Quel message ! J'étais complètement retournée en écoutant le récit de Roland. Ma mère, m'avait-il dit, était présente aussi.

Oh ! bien sûr, j'avais déjà eu la visite de ma grand-mère qui m'avait annoncé le départ de sa fille, et aussi celui d'autres membres de la famille. Mais recevoir un message de quelqu'un d'aussi proche qu'une mère, à travers la mort, c'est à la fois fantastique, merveilleux et terriblement déconcertant !

Mon père, à ce moment-là, vivait toujours. Il était en maison de retraite. La maladie de Parkinson, ses délires, ses absences nous ont, nous autres ses enfants, beaucoup impressionnés. Nous nous sommes sentis démunis face au changement de comportement de notre père ; nous l'avions toujours connu l'esprit affûté, toujours le mot pour rire.

Grâce à Alain Joseph, j'ai pu recevoir un message de maman, et je dois dire que j'ai ressenti une immense joie de la savoir toujours près de nous et surtout de son mari. Elle a voulu nous rassurer et éviter que l'on s'alarme sur l'état de santé de notre père, car nous n'y pouvions rien.

Toutes ces rencontres m'ont permis de modifier mon regard sur la mort, sur le nouveau départ qu'elle représente. Elles m'ont fait évoluer vers une nouvelle spiritualité beaucoup plus personnelle. De rendez-vous en rendez-vous, nous sommes devenus des amis et ses conseils me sont toujours précieux. Pas seulement à cause de ses talents de médium, mais parce qu'il porte sur l'être humain un regard pertinent.

Mon mari se joint à moi pour livrer un petit témoignage.

Roland : Comment vous parler d'un personnage comme Alain Joseph ! Parce que c'est vraiment un personnage ! À la fois émouvant et drôle, sympathique et attachant, il nous met face à nous-mêmes, nous renvoyant une image de nous qui n'est pas forcément celle que nous voudrions voir.

Derrière son bureau, dans la pièce où il reçoit, se côtoient l'étrange et le mystérieux, l'incroyable et le merveilleux. Les messages qu'il transmet mêlent passé, présent et futur, et ils déroutent bien souvent les interlocuteurs que nous sommes.

Cela fait plusieurs années que nous faisons appel à ses facultés de médium et chaque fois c'est une nouvelle étape franchie dans notre vie. Quand je dis nouvelle étape, je l'entends en termes d'évolution ! On grandit en faisant preuve de plus de sagesse, de plus d'humilité. On développe notre spiritualité, on apprend à pratiquer la compassion. Tout cela, Alain Joseph nous l'apporte sur un plat d'or au cours de ses séances et de ses conférences.

Comme l'esprit de Louise l'avait annoncé, mon beau-père s'en est allé et a fait son apparition au cours d'une conférence en faisant ressentir à Alain Joseph la souffrance de sa maladie. Alain Joseph nous communiqua son nom, son prénom et fit à sa fille un sacré petit clin d'œil en lui disant : "Ma fille, je ne souffre plus maintenant, je suis heureux, j'ai retrouvé les miens !" Devant toute l'assemblée, il ajouta : "Je suis heureux que tu aies ma chevalière, qui se trouve dans ton sac !" La chevalière de son papa était bien en effet dans son sac !

Combien d'événements prédits, de messages reçus se sont réalisés ? Chaque fois que se produit un événement, heureux ou malheureux, cela nous ramène bien souvent aux écrits d'Alain Joseph. Il peut arriver qu'Alain Joseph, dans un contact médiumnique, soit incorporé par l'esprit qui rentre dans son bureau. »

La sœur de Marie-Thérèse raconte :

« Ayant eu connaissance de la consultation de Roland au cours de laquelle maman était apparue, j'y suis allée sans présager de quoi que ce soit. Je n'ai pas été surprise quand Alain Joseph a ressenti sa présence, l'a décrite physiquement et a rapporté ses propres mots. J'avais la sensation d'être là pour ça. En plus, il s'agissait de mots rassurants concernant mon père qui tardait à s'en aller. Nous nous sentions complètement démunis pour améliorer sa fin de vie! Je n'ai pas été surprise, mais impressionnée tout de même, quand j'ai entendu Alain Joseph me rapporter des propos en breton d'une voix différente de la sienne! Ceux-ci me donnant confirmation de l'entourage présent. Les façons de parler le breton diffèrent d'un pays à l'autre: les mots employés étaient familiers à mes oreilles. Le prénom de Rosalie, ma grand-mère, était connu d'Alain. Il faut savoir qu'il ne parle pourtant pas un mot de breton!»

Claudine, du Sud-Ouest, témoigne de ses consultations et, particulièrement, de l'intervention inopinée d'une grand-mère à laquelle elle pense très souvent. Celle-ci vient clarifier une situation pour effacer la culpabilité que ressent sa petite-fille:

«J'ai appris à faire la distinction entre médium et voyant. Un voyant est une personne qui peut capter votre vie passée, présente et quelquefois à venir, tandis qu'un médium est un intermédiaire entre ce monde et l'invisible. Un voyant n'est pas médium. Mais un médium est forcément voyant. Alain Joseph Bellet est médium et donc voyant.

J'ai connu Alain Joseph par une collègue de travail, cela fait déjà un certain temps. Je le consulte régulièrement, une fois par an environ. J'ai pu me rendre compte que les voyances d'Alain Joseph Bellet, non seulement se réalisaient, mais prédisaient des événements qui se passaient pour certains jusqu'à trois ans après une consultation. Par exemple, alors que je résidais en Bretagne, et que je n'avais pas encore l'idée de me rapprocher de ma région d'origine, il m'avait annoncé que j'achèterais une maison avec des tuiles rouges, maison qu'il avait décrite assez précisément. C'est ce qui s'est passé. Concernant les changements professionnels qu'il m'avait prédits, ils ont eu lieu, que cela soit pour moi ou pour mon conjoint. Il m'a indiqué des lieux où j'ai fini par travailler. Cela m'a aidée à faire le pas, à postuler pour un nouvel emploi car il avait su me décrire l'atmosphère pesante de mon travail. Il a été d'un précieux secours à propos de mes enfants. L'une de mes filles a connu un sérieux souci de santé. Grâce à Alain Joseph qui l'avait vu, j'ai pu conforter mes intuitions, notamment quand il a fallu changer de médecin et connaître la réelle cause de son problème. Au sujet des prédictions relatives aux études de mes enfants, Alain Joseph m'avait annoncé dans le détail leurs situations actuelles. Mais revenons à son côté médium. Le plus extraordinaire, je l'ai vécu un jour où je le consultais. Alain Joseph me dit : "Je vois votre grand-mère, elle a un message pour vous. Elle vous demande pourquoi vous avez vendu la croix de famille qu'elle vous avait donnée ?" Quelle émotion ! Alain Joseph ne pouvait pas connaître l'histoire de cette croix.

J'ai répondu à la question. Il m'a alors dit : "Votre grand-mère est soulagée car cette vente semblait vous affecter. Elle ne veut plus que vous y accordiez de l'importance !" Non seulement Alain Joseph avait vu cette histoire, mais il a permis de la clarifier, alors que ma grand-mère était décédée, point qui restait douloureux pour moi, et sur lequel je n'avais pu échanger avec elle de son vivant. L'intervention de ma grand-mère m'enlevait un grand poids.

C'était un message médiumnique important. Quant aux voyances d'Alain Joseph, je les utilise comme des guides dans la vie. Je les relis lorsque j'hésite à prendre une décision. Elles m'ont permis d'éviter bien des erreurs, que ce soit dans des comportements à adopter face à certaines situations ou lorsque j'ai eu des choix délicats à faire.

Je dois dire que j'ai consulté deux voyants. L'un a vu des choses précises mais à court terme. L'autre, qui a pourtant une grande renommée, s'est trompé sur la majeure partie de ce qu'il m'a annoncé. Alain Joseph, lui, n'essaie pas de déduire ce qu'il annonce de ce que vous pouvez dire. Il voit d'emblée les choses importantes à communiquer au moment où vous le consultez. Il est sans détour et n'essaie pas de vous faire plaisir ! Son travail vous conduit à réfléchir sur votre vie, vous amène à la conduire de manière plus adéquate. Il s'adresse à des personnes qui souhaitent travailler sur elles-mêmes, mais aussi qui se sentent désemparées à un moment de leur vie. Son travail permet de faire les choix les plus adaptés pour éviter les écueils, et pour aller, autant que possible, vers le bonheur. Car, après tout, n'est-ce pas là ce que l'on cherche ? »

Quand la médiumnité est au centre de la consultation

C'est le moyen qu'utilisent nos chers disparus pour se manifester, mais il arrive néanmoins que la personne qui me consulte mette du temps avant de réaliser leur présence.

Marc avait beaucoup insisté pour obtenir un rendez-vous rapide. Il n'était pas en forme moralement. Lorsqu'il fut en face de moi, je vis un esprit qui s'animait au-dessus de son épaule. C'était son père. La vibration qu'il émettait à travers moi me fit emprunter une intonation élevée: « Tu dois cesser de penser à la mort, à la maladie, secoue-toi un peu ! »

Marc fut étonné de reconnaître la voix de son père. Il avait ce même accent impératif qu'il adoptait de son vivant quand une personne se laissait aller au renoncement et au découragement. Il n'aimait pas que son fils s'apitoie sur son sort. Marc hésitait à croire à l'intervention de son père.

Au fond de la pièce se présenta un défunt d'une autre génération qui s'annonça comme étant le grand-père de Marc. Il dit se prénommer Louis et parla aussitôt de sa fille Annie. Il demanda également à son fils de se rapprocher de sa mère afin de montrer combien ils étaient heureux tous les trois. Le grand-père précisa que Marc ne se rendait pas compte qu'ils étaient présents dans la pièce.

L'esprit de Pierre me suggéra de lui parler du jour où son cheval l'avait ramené à la maison alors qu'il avait eu un problème au pied. Marc réagit positivement. Il se souvenait de cette histoire !

J'en ressentis une joie immense. C'était si formidable de voir que, de l'autre côté, tout le monde était au comble du bonheur en constatant la réaction de Marc.

Dans une consultation, il arrive que l'esprit s'impose et aille jusqu'à provoquer des phénomènes *paranormaux* pour bien signaler sa présence et pour que l'intéressé comprenne l'importance de réagir !

Nathalie témoigne :

« Par le biais de maman qui avait consulté Alain Joseph en tant que médium, j'ai pris rendez-vous avec lui alors que je traversais une période difficile. J'avais un peu d'appréhension ce jour-là, mais j'avais besoin d'obtenir des réponses à mes questions.

Sans que j'aie prononcé un mot, Alain Joseph raconta ma vie ; il vit mon mari qui pouvait être blessant et coléreux, et qui me portait atteinte de nombreuses manières quand il avait bu. Je souffrais beaucoup de cette situation et me sentais perdue. Je savais que j'étais incapable de prendre la décision de le quitter, et pourtant, Alain Joseph me prédit une autre rencontre, avec la description physique de l'homme et de son métier dans les moindres détails. Je n'y croyais pas car je pensais alors rester avec mon mari jusqu'à la fin de mes jours.

Je regardais Alain Joseph. Il avait les yeux dans le vague et semblait fixer quelque chose derrière moi. Tout d'un coup, il me dit : "Votre père est là !" Mon père est décédé en 1994. Il me donne son prénom, il commence par me décrire la façon dont il s'habillait, puis il me parle d'un autre esprit, celui de mon grand-père avec sa casquette de marin. Je vois alors le regard d'Alain qui change, ses yeux deviennent différents et d'une voix pleine de colère, en tapant du poing sur la table, j'entends : "Nathalie, il est temps que tu grandisses, tu ne dois pas accepter cela de ton mari ! Il faut partir." Je ne comprenais pas que c'était lui sauf quand j'ai entendu les coups de poing sur la table ! Il avait l'habitude de faire cela de son vivant.

Soudain – il vous sera difficile de le croire, mais c'est la stricte vérité –, je ressens un courant d'air froid qui me traverse et qui me glace. Nous entendons ensuite plusieurs coups frappés derrière une porte. J'ai envie de partir en courant. Que se passe-t-il ? Alain Joseph me dit : "Votre père n'est pas content!" J'étais très proche de mon père.

Je quitte Alain Joseph frigorifiée. Que devais-je penser de tout cela ? Je croyais à une vie après la mort, eh bien là, j'en avais la preuve. J'étais heureuse que mon père m'ait fait tous ces signes. Il m'avait mis en garde. Je n'oublierai jamais cette expérience.

Quelque temps plus tard, comme Alain Joseph me l'avait prédit, je rencontrai cet autre homme et je quittai mon mari. »

Il faut savoir que l'esprit garde sa personnalité, son caractère dans l'au-delà, comme le démontre le père de Nathalie. Il s'inquiète pour sa fille et veut qu'elle réagisse, ce qu'elle finira par faire. Les coups frappés sur la porte l'invitent à réfléchir. Ce genre de phénomène paranormal demande à l'esprit une grande concentration d'énergie pour obtenir un résultat sur la matière.

Ils me font ressentir leur douleur

En cours de consultation, ils se présentent à moi et me font ressentir la douleur physique correspondant aux circonstances de leur départ.

Chacun d'entre nous peut un jour ou l'autre perdre ses repères, avoir l'impression que le destin s'acharne sur lui et ressentir le besoin de consulter. L'esprit de l'époux d'Anne-Marie m'apparut et me fit ressentir la douleur de son départ.

Anne-Marie témoigne :

« Ayant traversé une période marquée par de nombreux décès et en particulier celui de mon mari âgé de cinquante-quatre ans, je me sentais comme vidée de l'intérieur, sans aucune énergie. Je me raccrochais de toutes mes forces à tout ce qui pouvait faire que j'aille mieux, entre autres à mes deux enfants et mes deux petits garçons. Alors qu'il y avait eu une période de répit, un douloureux problème familial vint à nouveau s'abattre sur nous. Je me suis dit que le destin s'acharnait et que jamais nous n'aurions un peu de paix. J'ai obtenu les coordonnées d'Alain Joseph par l'intermédiaire d'une collègue de mon fils.

Espérant recevoir des réponses aux multiples questions que je me posais, j'ai pris rendez-vous avec lui. À la première rencontre, des faits troublants se sont produits. Il me parla dans les détails de ce douloureux problème familial, et tout cela sans que j'aie prononcé un mot. Il me donna la description de lieux et d'événements qui s'étaient ou qui allaient se produire dans ma vie. Je pus vérifier l'exactitude puisqu'ils se produisirent dans les mois qui suivirent, me laissant très étonnée.

J'étais obligée de me rendre à l'évidence : Alain lisait dans ma vie avec précision. Je ne m'expliquais pas ce don mais il était certain qu'il en était pourvu. Au deuxième rendez-vous, il se passa quelque chose d'assez particulier. Ma filleule l'avait consulté et lors de la séance, l'esprit de mon mari était entré en communication avec lui, disant qu'il avait besoin de me parler, qu'il me voyait triste et que de ce fait il ne pouvait évoluer dans son monde. Il dit aussi qu'il était près de nous et qu'il nous aimait.

Me voici donc pour la deuxième fois devant Alain Joseph. En début de séance, il me décrit les derniers instants de vie de mon mari, comment il le voyait, en souffrance et le crâne rasé. Alain Joseph se mit à ressentir des douleurs à la tête et dit que mon mari avait une tumeur au cerveau. Il me dit qu'il avait attendu que tout le monde soit près de lui pour s'en aller. À ces mots, mon cœur s'est mis à battre plus fort car, en effet, ma fille était à Brest le jour du départ de son père et il a donc fallu qu'elle fasse la route pour arriver à l'hôpital de Quimper. Nous avons passé tous trois, mon fils, ma fille et moi, un moment avec mon mari. Cette scène m'a été décrite par Alain Joseph ainsi que les mots que mon mari nous avait entendus lui dire.

Alain m'a décrit, ce jour-là, les « gestes » que mon mari m'avait adressés alors qu'il allait mourir et qu'il était dans le coma. Durant ce rendez-vous, Alain Joseph sembla absent. Son regard était dans le vague. Il me dit ressentir la présence d'un esprit. C'était un homme. Il posait sa main sur sa poitrine et semblait souffrir. Alain Joseph me déclara : "Il est parti d'un cancer des poumons." Ensuite, il mit sa main à la base de son cou, grimaça et me dit : "Il avait ici quelque chose de douloureux."

C'était incroyable car mon oncle faisait toujours ce geste. Il avait subi une trachéotomie et était mort d'un cancer des poumons. J'avais une relation forte avec mon oncle Henri. Cela ne m'étonna pas qu'il vienne me faire signe. À la fin de la séance, en reprenant la photo de mon mari que j'avais apportée, Alain Joseph me parla d'une vieille pendule qui ne sonnait plus mais qui faisait *ding ding*. Il me dit que la photo qu'il avait dans sa main était posée sur cette pendule, chez moi. J'en ai eu le souffle coupé car c'était vrai ! Je pourrais vous en dire encore plus sur ces séances, mais ce serait beaucoup trop long. Pour finir ce témoignage, je tiens à remercier Alain Joseph pour chacune de ses réponses, mais aussi parce qu'il donne de l'espoir aux personnes qui sont dans la douleur et le désarroi. Il existe, j'en suis maintenant convaincue, des êtres qui ont le don de communiquer avec les personnes parties vers une nouvelle vie. Alain Joseph en est la preuve ! »

Ils viennent nous adresser un message de réconfort

Même s'ils sont depuis longtemps partis, les esprits viennent quelquefois nous adresser des messages de réconfort afin de nous aider à poursuivre notre chemin. Mieux, ils apportent des réponses aux questions que nous nous posons.

Ce jour-là, je recevais Marie. Suivant la méthode qui est la mienne, cette personne n'eut pas besoin de s'exprimer, se contentant d'écouter simplement mes propos. À peine installée, je devinai que ses enfants la préoccupaient. Un à un, je les décrivis. Je la renseignai sur leur aspect physique puis donnai des détails sur leur situation professionnelle et sentimentale. J'en avais terminé lorsque l'esprit d'une femme fit son apparition. Je prévins Marie que sa mère était là.

Elle ne bougea pas d'un cil et écouta attentivement, sans s'apercevoir de ce qui était en train de se passer.

Il lui était difficile d'admettre ce que ses oreilles entendaient. L'esprit de sa mère, que je voyais en transparence, me montra comment elle était du temps de son vivant. J'en fis le portrait à sa fille. Elle était brune, plutôt coquette et portait un collier de perles blanches à son cou. Marie affirma que tout était exact, car c'était bien ainsi qu'elle était habillée, mais quelque chose en elle demeurait sceptique.

Sa maman me montra une mort brutale, des étincelles, une explosion, puis enfin un pylône électrique supportant une ligne à haute tension. « Oui, me fit Marie, l'avion s'est écrasé contre un pylône électrique. Tout ce que j'entends est vrai ! » Et la voix insista en moi : « Ma fille, remercie Jacqueline de ma part. C'est elle qui t'a élevée après mon départ. » Cette fois, elle n'avait plus le moindre doute. Elle me dit, les yeux éblouis : « Oui, c'est bien maman ! Et c'est ma tante qui m'a élevée. » L'esprit de sa mère lui recommanda d'aller rendre visite à Jacqueline car celle-ci n'était pas en forme. Elle me montra son jardin et une allée bordée de roses. Marie me confirma qu'il s'agissait du jardin de sa tante. Sa mère continua de parler : « Ma fille, tu ne dois pas douter. Tu es une bonne maman ! » « C'est vrai, me dit Marie, je n'ai pas eu de modèle et je me posais justement cette question. » À quoi sa mère ajouta aussitôt : « Pas besoin de modèle, ma fille ! L'amour est en toi ! Je viens justement te le dire aujourd'hui. »

Elle poursuivit en précisant que Robert était avec elle, et aussi Alexis. Marie m'informa que ce dernier était un oncle qu'elle adorait. Je ressentis alors que tout ce petit monde de l'au-delà allait partir et que c'était la fin d'un long contact médiumnique, quand j'eus soudain la vision de Marie, à l'âge de quatre ans, debout près de sa mère, dans la cuisine. Celle-ci s'affairait autour d'une gazinière où elle faisait flamber quelque chose. Je ne compris pas immédiatement cette vision, mais l'ayant rapportée à Marie, je la vis s'effondrer en larmes : « C'est le dernier moment que j'ai partagé avec ma mère avant qu'elle ne meure dans l'accident d'avion ! » Nous en étions tous les deux bouleversés car, avant de disparaître, l'esprit de sa mère avait tenu à lui faire ce cadeau. « Il m'aura fallu attendre quarante-quatre ans pour obtenir toutes ces preuves », me dit Marie sur un ton apaisé. Depuis ce contact, elle m'a fait savoir que sa vie avait été totalement transformée.

Ils viennent nous livrer des preuves de survie, mais aussi nous aider dans notre deuil à prendre conscience que la vie sur terre continue et qu'il nous faut poursuivre notre chemin.

Un matin, je reçus Anita, elle venait de vivre une tragédie. Mes guides me montrèrent un accident et le corps d'un jeune homme. Son ami était mort et je ressentais sa présence. Un avant-bras me signalait sa gourmette. Aussitôt, j'entendis un prénom : « Sam ! »

C'était l'ami que venait de perdre Anita. Elle lui avait offert une gourmette, qu'elle avait égarée depuis son départ et cela l'attristait. Sam lui fit comprendre que cela n'avait pas de réelle importance. Il me décrivit l'endroit où l'accident avait eu lieu. Il me dit ce qu'il avait éprouvé en étant projeté hors de son corps physique. Puis il parla à Anita en exprimant ses regrets de n'avoir pu lui dire au revoir. Il se souvenait avec précision de la conversation qu'ils avaient eue ensemble juste avant son départ – départ qu'il avait choisi avant de venir sur cette terre. Il poursuivit en confiant une somme de détails. Il voulait fournir la preuve qu'il était bien là afin qu'Anita ne doute pas. Il me montra l'école dont il avait été l'élève puis une fête en son honneur. Il voulut remercier ses amis d'avoir déposé des roses sur sa tombe. Il parla de son ami Nico qui possédait une moto et cela l'inquiétait. Il parla d'Olivier qui était son meilleur ami. Il me montra qu'il se déplaçait à la vitesse de la pensée. Il me dit qu'il allait dans l'appartement d'Anita et fournit tous les renseignements sur le mobilier et la décoration.

Comme il me renseignait sur cet appartement situé à Paris, il me fit entendre le son de bouteilles qui s'entrechoquent. Je n'y comprenais rien mais Anita savait. Ce bruit était celui des bouteilles de bière que Sam transportait dans ses poches quand ils se rendaient à une fête.

L'esprit de Sam parut alors vouloir nous quitter mais, avant cela, il avait quelque chose à ajouter. Il voulait qu'Anita sache qu'elle avait sa bénédiction pour refaire sa vie. Il souhaitait son bonheur, sa vie ne devait pas s'arrêter brutalement. L'esprit de Sam désirait ardemment qu'Anita poursuive son chemin.

Sam était décidément bavard. Il voulut faire un petit clin d'œil à sa mère car il était là le jour où Olivier lui avait offert des fleurs. Anita me confirma tout cela, et elle sortit de mon bureau franchement rassérénée. Elle avait eu l'absolue conviction d'avoir communiqué avec son ami. Cette présence inattendue lui avait fait un bien fou.

Il arrive que le contact médiumnique soit bref. Juste quelques mots, mais si importants et tellement significatifs pour la personne qui les reçoit…

Nicole témoigne :

« À la suite de ma consultation avec Alain Joseph, j'ai eu la preuve que la vie ne s'arrêtait pas à notre existence physique. Il a décrit ma fille, aujourd'hui décédée. Il m'a rapporté la manière dont elle est partie. Il a su me dire le petit nom qu'on lui donnait. Il m'a parlé de mes deux frères décédés en précisant que l'un d'eux boitait. L'autre, me dit-il, portait tout le temps sa casquette, qu'il enlevait juste pour dormir. Tout cela est vrai ! Il m'a parlé de la bougie que j'allumais devant la photo de ma fille et de bien d'autres détails sur sa vie. Cette consultation m'a fait beaucoup de bien. Je suis sûre à présent que je retrouverai ma fille. »

Ils viennent nous faire part de leurs regrets

Dans les séances de médiumnité, il arrive que nos chers disparus regrettent le comportement qu'ils ont eu sur terre, et souhaitent être pardonnés.

Brigitte témoigne :

« Je connais Alain Joseph depuis un moment déjà, et ses prédictions se sont toujours révélées exactes ! Aussi quand, à presque cinquante ans, j'ai appris que mon père n'était pas mon père biologique, et que personne ne voulait me dire la vérité, j'ai tout de suite pensé à consulter Alain Joseph.

Je lui apporte une vieille photo sur laquelle ma mère posait avec cinq collègues à elle. Alain Joseph sait tout de suite que ma maman est partie dans l'au-delà, car il met le doigt sur elle en me disant : "C'est elle ! C'est votre maman !" Surprise, je confirme, et il poursuit en me disant : "On me donne deux prénoms, Éliane et Thérèse." Étonnant, car sur la photo, il ne reste que deux personnes vivantes portant justement ces deux prénoms. Il me précise, chose incroyable, le lieu où la photo a été prise : Le Faou, dans le Finistère.

Trois esprits feront tour à tour leur apparition ce jour-là, laissant Alain Joseph dans un très grand état de fatigue. L'esprit de maman me dira à travers lui : "Je regrette, ma fille, de t'avoir fait du mal. J'ai gardé ce secret toute ma vie et j'ai souffert de ne pas avoir pu te dire la vérité, je te demande pardon." Maman communique son prénom à Alain Joseph : "Je m'appelle Marie-Thérèse." Il me la décrit physiquement et dit qu'elle est partie d'un cancer. Pas de doute possible, il s'agissait bien de ma maman ! Après ma mère, deux esprits se présentèrent. D'abord Marcel, le frère de mon père adoptif, puis Raymond, mon oncle du côté de ma mère. Alain Joseph me dit qu'ils avaient un message pour moi : "Il ne sert à rien de chercher la vérité sur ta naissance, cela fait partie de ton chemin de vie sur terre, entre autres aussi celui de ne rien savoir !" Troublant.

Quelques mois plus tard, j'ai conseillé à ma cousine Béatrice d'aller voir Alain Joseph. Il ne savait pas que nous nous connaissions et ne pouvait en principe faire le lien entre nous. Et pourtant !

Alain Joseph parle, en plein milieu de la consultation, de deux esprits faisant leur apparition ensemble, comme par hasard ! Jean et Jeanine ! Il s'agit des parents de Béatrice. Mais il distingue furtivement un autre esprit. Il dit entendre comme un prénom composé, capte mal, puis soudain sort Marie-Thérèse.

Elle vient, me dit-il, pour transmettre un message à quelqu'un qui s'appelle Brigitte : "Il faut qu'elle arrête de pleurer car je suis très heureuse et tellement sereine là où je suis !" Quand Alain Joseph a demandé à Béatrice si elle connaissait une Brigitte qui avait pour maman Marie-Thérèse, elle a répondu : "Oui, bien sûr, c'est ma cousine." Partie depuis un an, elle me manquait terriblement. Une fois le message transmis par ma cousine, j'ai commencé à moins pleurer, car, chaque fois, celui-ci revient dans ma tête ("Je suis très heureuse et tellement sereine là où je suis !"), et pour moi c'est l'essentiel.

Même si le premier message obtenu me décevait sur le moment, je comprenais que cela faisait partie de ma vie. Quant à celui de ma maman, il m'avait apporté un rayon de soleil. Merci, Alain Joseph. »

Béatrice vient de Paris pour me consulter, dans l'espoir d'un contact médiumnique avec l'un de ses proches disparus. Elle a l'impression qu'il n'est pas parti en paix.

« Au mois de mai dernier, lors d'une première consultation chez Alain Joseph, un message bien particulier m'a mis de baume au cœur. Sans lui avoir rien dit de ma vie, Alain Joseph me parle de mon passé, sans erreur ! Le plus beau a été que mon mari, décédé en décembre 2006, est entré en communication avec Alain Joseph. Il me demandait pardon du mal qu'il m'avait fait. Alain Joseph m'a dit: "Daniel, votre mari, est avec nous. Il veut recevoir votre pardon!" Je me suis retrouvée dans une émotion indescriptible. Alain Joseph m'avait en effet donné le prénom de mon mari, qui n'avait pas eu une vie facile. La maladie l'avait fait s'éloigner du droit chemin. Très malade et se sachant condamné, il fréquentait les cafés, et il avait même rencontré une autre femme! Je l'ai aimé, choyé et soigné du mieux que j'ai pu! Pour moi, ce fut formidable qu'il vienne me transmettre ces mots de regrets et d'amour. J'ai été si réconfortée de savoir qu'il continuait à vivre dans un autre monde! Merci pour ce beau message qui m'a permis de retrouver la sérénité.»

Ils viennent nous encourager à la réconciliation

Les esprits tentent d'apaiser notre douleur, peuvent nous annoncer un départ, mais aussi nous inciter à nous réconcilier.

Quelquefois, les messages ne sont pas faciles à entendre.

Brigitte, qui habitait dans la région de Brest, était venue me consulter pour que je l'aide à y voir plus clair dans sa vie. À peine installée devant moi, je lui annonçai qu'elle allait connaître une période délicate. Je voyais son compagnon dans le coma. Elle me le confirma. Nous étions dans le temps présent.

Je ressentais son inquiétude, lorsque sa grand-mère fit son apparition. Elle prononça le prénom de Marie, puis celui de Toinette et pour se faire aisément reconnaître, elle m'indiqua la pancarte de Plouguerneau. Brigitte m'assura qu'il s'agissait bien de sa grand-mère ! Elle était native de ce village ! Le lien d'amour qui unissait ces deux êtres était puissant. Sa grand-mère lui fit comprendre que, dans les moments difficiles qu'elle traversait actuellement, elle serait toujours à ses côtés. Il fallait qu'elle se prépare au départ de son compagnon.

L'esprit d'une femme fit son apparition. C'était la maman de Brigitte. Elle me parla de son cancer puis me montra une partie de sa vie sur terre en insistant sur sa coquetterie. Elle me dit que sa fille avait son alliance au doigt, ce que valida Brigitte. Elle raconta que ses filles étaient fâchées et qu'elle souhaitait ardemment les voir se réconcilier. Après avoir communiqué les prénoms de ses trois filles, elle disparut.

Cette consultation allait durer un certain temps car à peine la maman de Brigitte s'en était allée qu'apparut l'esprit d'un jeune homme qui me dit se prénommer Serge. Il regrettait son geste. Il s'était suicidé. À son tour, il appela à la réconciliation de ses trois sœurs, puis il quitta prestement la pièce. C'est alors qu'une certaine Jeanine se présenta pour dire merci à la personne qui lui avait apporté des fleurs.

Ayant pris conscience que ces visites étaient des cadeaux qu'on lui adressait, Brigitte remercia chacun chaleureusement du soutien qu'on lui apportait. Elle était désormais apaisée et prête à affronter l'inévitable.

Quand nous sommes en *temps de repos*, nous revivons le bien comme le mal que nous avons faits, et ce que nous n'avons pas fait non plus. Les esprits aussi, dans ces messages, nous invitent à le comprendre et à mettre en application le *pardon*.

Voici un nouvel exemple de réconciliation.

Monsieur B. était venu assister à l'une de mes conférences mais n'avait pu bénéficier d'un contact ce jour-là. Il avait fait beaucoup de route pour arriver jusqu'à moi et espérait que son vœu serait exaucé. Je ne pouvais évidemment rien promettre.

Il s'installa, après avoir posé sur mon bureau la photo d'un homme. À cet instant, je reçus l'incorporation de l'énergie de son père. Nous n'étions pas seuls et je lui fis savoir que son père était là. J'entendis : « René Jean ! » Mon client dit ne connaître aucun Jean. Au contraire de René qui était le prénom de son père. C'est alors qu'on me parla. « C'est bien moi, ton père. Je regrette, mon fils. »

L'esprit du papa me montra des bouteilles et me fit savoir qu'il buvait. Il dit à son fils qu'il l'aimait, même s'il n'avait pas su lui montrer son amour. Il ne devait pas en douter.

« C'est vrai, me dit son fils, je doutais de son amour. » Il cherchait une preuve des sentiments de son père. Ce dernier venait de la lui apporter à travers moi. L'esprit du père continua à parler : « Mon fils, ne sois pas fâché avec ta mère, cela n'est pas bien, je ne suis pas heureux de cela ! » Il était au courant d'une brouille familiale. Je lui expliquai que cela devait le faire réfléchir et que même si sa mère l'avait plusieurs fois rejeté (ce que mes visions attestaient), il devait faire l'effort de pardonner et d'être dans l'amour inconditionnel. Il m'avoua que c'était une épreuve pour lui que de retourner la voir.

Mes guides me firent alors comprendre que cela faisait partie de son chemin de vie que d'avoir choisi des relations difficiles avec ses parents, mais que, pour évoluer, il devait pardonner.

L'esprit de son père voulait qu'il réagisse et, pour l'y aider, il invoqua Jacqueline, le prénom de sa mère. Puis il parla de l'usine dans laquelle il avait travaillé et où il assemblait des pièces. Il dit qu'il était heureux quand il voyageait sur les bateaux, durant la première partie de sa vie, mais que ce n'était plus du tout le cas dans les années qui avaient suivi. Cette insatisfaction n'avait cessé de croître et il s'était réfugié dans l'alcool.

Il était entouré de ses enfants le jour de son départ, et malgré cela, il me fit ressentir à quel point il avait été seul face à la mort. Il me montra un prêtre, puis une cérémonie religieuse, et enfin l'endroit où se tenait son fils le jour de l'enterrement.

La séance s'achevait. Je sentais qu'il allait partir. Il considéra la tristesse de son fils et, laissant filer un court silence, communiqua un troisième prénom : « Joseph ! » Alors, le visage du fils s'éclaira. Il me dit, soulagé : « Je comprends, maintenant. Il a donné ses trois prénoms. Il s'appelait, je l'avais oublié, René Jean Joseph. Merci papa ! » Cet esprit est reparti en paix et nous l'avons chaleureusement remercié. Il était essentiel, pour l'esprit de cet homme, de tout tenter à travers la mort afin que sa femme et son fils puissent se réconcilier. L'énergie qu'il avait déployée était ainsi récompensée.

Ils voient à travers la matière

Ernestine me consultait pour des raisons familiales. Elle était inquiète pour son fils. L'esprit de sa maman fit son apparition et me donna un prénom, Jean-Marc, qui était celui de son petit-fils.

Elle fit son entrée en matière avec une réelle joie de vivre. Elle était heureuse de voir sa fille et de pouvoir lui parler à travers moi. Elle me communiqua le prénom de la sœur d'Ernestine. Christiane n'allait pas très bien et l'esprit de la maman me fit savoir qu'elle demandait de l'aide car elle traversait une période vraiment difficile. Elle me dit qu'Ernestine avait subi trois interventions chirurgicales dernièrement. Elle me parla en breton de « trois trous sur le ventre ». Je ne comprends pas le breton mais Ernestine, qui le pratiquait, confirma le fait. Je me fis aussitôt la réflexion que l'esprit de cette maman ne manquait pas d'humour. Elle pouvait donc voir à travers le pull de sa fille !

Le parrain de Jean-Marc fit son apparition en donnant son prénom. À ce moment, l'esprit de la maman d'Ernestine eut ces mots : « Pièce d'or, pièce d'or, sac... sac ! » Les entendant, Ernestine se mit à pleurer en cherchant dans son sac. « Maman m'avait offert une pièce d'or et elle est toujours dans mon sac. » L'esprit de sa maman venait de lui délivrer une belle preuve de sa présence dans mon bureau. J'étais une nouvelle fois ému en voyant passer tant de détails à travers moi. Ce contact me démontrait que les esprits voient à travers la matière, de la même façon qu'ils voient à l'intérieur de notre corps et de nos organes malades.

Au cours d'une conférence, et en plein milieu d'un contact médiumnique, un esprit possédant un certain sens de l'humour dit à sa fille : « Tu aurais pu mettre la photo encadrée que tu as dans ton sac sur la table ! Ça ne m'empêche pas de venir quand même ! » Sur ce, la fille ouvrit son sac pour en sortir le cadre, tout en me confiant : « Je ne l'avais pas posé sur la table. Franchement, je ne pensais pas qu'il serait venu. »

Marie venait de Lyon avec l'espoir d'un contact médiumnique. Elle avait entendu parler de mon travail. Je lui expliquai qu'il m'arrivait parfois de ne *capter* aucune présence, et m'excusai auprès d'elle pour le cas où le contact n'aurait pas lieu. Quand les personnes viennent d'aussi loin, je prie plus ardemment encore pour qu'elles puissent repartir avec un message.

Deux grands-pères vinrent lui rendre visite. Ils étaient totalement différents dans leur manière d'adresser les messages et de parler de leur vécu sur terre. L'un était industriel et avait eu une vie confortable. Léger dans ses vibrations, il me parla de Quiberon. J'en fus surpris car ma consultante était de Lyon. Il évoqua une pension de famille où ils avaient l'habitude de séjourner avant que leur maison de vacances fût construite. « Oui, me dit Marie, je connais cette histoire de pension de famille. En effet, mes grands-parents possédaient une maison dans le Morbihan. » Le second grand-père qui se tenait en retrait me montra un petit garçon vêtu d'un pull rouge. J'interrogeai Marie au sujet de cet enfant. Était-ce son frère ? Elle me dit que ce petit garçon était son fils. « Vous avez une photo de lui, n'est-ce pas ? » Elle en avait une et, quand elle la posa sur ma table, nous constatâmes ensemble que son fils était habillé d'un pull rouge. C'était comme un clin d'œil de la part de ce grand-père qui savait que le sac de sa petite fille contenait une photographie avec un détail d'importance : une couleur. Il avait vu cette image à travers la matière.

C'était de magnifiques cadeaux reçus depuis l'au-delà grâce à de charmants grands-pères. Mais ce n'était pas encore tout, car la grand-mère de Marie se présenta également et me fit entendre une musique jouée au piano. Elle avait été pianiste et ces quelques notes qu'elle destinait à sa petite-fille étaient une recommandation. Elle me dit, pour que je le répète à Marie : « Tu dois reprendre le piano et l'apprendre à ta fille ! » L'esprit de cette dame termina la conversation par ces mots souriants : « Au fait, c'était ta grand-mère Suzanne ! »

Dans le court exemple qui suit un esprit rieur nous fait une petite farce. Une dame d'une cinquantaine d'années me consultait pour que je l'aide à y voir clair dans sa vie. Elle connaissait ma façon de travailler et me dit : « Ah ! si seulement je pouvais avoir un petit message de mon père. Ce serait trop beau ! »

J'interprétai mes visions puis lui livrai les informations que mes guides m'avaient données. Tout était clair, parfaitement détaillé. Soudain, je vis l'esprit d'un homme à fine moustache portant l'uniforme de la Marine nationale. Je lui dis : « Votre papa est là ! » Quand je le lui décrivis, elle prit un air étonné. « Vous vous trompez sûrement ! Mon père n'a jamais été dans la Marine nationale. » J'insistai : « Je vous assure, chère madame, que je le vois ainsi, avec une moustache. » Selon elle, ce ne pouvait être son père. Elle était déçue, et moi donc! Car, dans le cas d'un refus tranchant, le contact ne peut se poursuivre. J'allais lui annoncer que je ne pouvais aller plus loin quand l'un de mes guides me montra une photo de cet homme en uniforme. Dans un dernier sursaut, je demandais à cette dame si elle avait une photo de son père. « Mais bien sûr ! J'en ai une dans mon sac. » Elle la sortit et me la présenta. Je pouvais y voir très distinctement un homme en uniforme de la Marine nationale avec moustache. Je désignai la personne en commentant : « Vous voyez bien que votre père porte l'uniforme de la Marine nationale ! » Elle éclata de rire, puis se reprit : « Je l'avais oublié, mais mon père s'était déguisé pour la circonstance. Il n'a jamais été dans la Marine ! » Nous sommes partis à rire et je peux vous assurer que, de l'autre côté, on s'amusait aussi !

L'esprit de cet homme m'était apparu en témoignant d'un humour qui avait toujours été le sien. Il savait que sa fille conservait cette photo dans son sac. Seule question : l'avait-il vu glisser l'image ou voyait-il à travers la matière ?

Les départs tragiques

Les esprits viennent délivrer des messages pour nous soulager dans notre deuil, surtout quand le départ est précipité et que les adieux n'ont pas été possibles.

Ce jour-là, une personne d'une cinquantaine d'années entra dans mon bureau. Elle me tendit très gentiment la main en m'indiquant qu'elle se prénommait

Yvette. Elle ne dit rien de plus et, dès qu'elle fut assise, je ressentis sa souffrance.

Je lui dis savoir qu'elle était en deuil. À cet instant, j'ignorais encore qui était la personne partie de l'autre côté. Une force me fit poser ma main sur ma tête, à l'endroit où irradiait une douleur. L'un de mes guides me montra un accident. Je compris qu'un jeune homme était parti. J'entendis : « David ! » Aussitôt, devant moi, Yvette s'écroula en sanglots. « Vous venez de décrire l'accident qui a tué mon fils et vous m'avez donné son prénom. » Je lui dis que son fils était là, qu'il mettait la main sur son épaule et qu'il était heureux qu'elle ait accroché sa photo sur le mur du salon. Sa mère me regardait avec des yeux ronds en confirmant chaque parole. La séance se poursuivit. À travers moi, David voulut transmettre un message important pour sa sœur. Il était au courant de ses difficultés pour avoir un enfant. Il savait qu'elle avait fait plusieurs tentatives restées vaines. Il me fit passer ceci : « Maman, dis à Magali (c'était le prénom de sa sœur) que le temps est arrivé pour elle d'aller à Brest faire de nouveaux examens. Elle sera enceinte et accouchera au mois de novembre. » Quel choc pour la maman !

Au cours d'une autre entrevue, Yvette me confirmera que sa fille avait accouché au mois de novembre, alors qu'en cours de grossesse la naissance avait été annoncée en décembre ! Durant ce rendez-vous, David mettra en garde sa grand-mère qui faisait de mauvais mélanges avec ses médicaments. Cet avertissement permettra à Yvette d'éviter à sa maman de sérieux problèmes de santé.

Par sa venue, David voulait prouver qu'il était bien là, mais il voulait dire aussi qu'il avait quelque chose à faire pour sa grand-mère, sa maman et sa sœur. Les aider à comprendre que la vie pouvait réserver de belles surprises, qu'il ne fallait jamais douter car il était toujours présent à leurs côtés.

Sa mère me confiera: « Quand je suis sortie de ma première consultation avec vous, j'ai eu la preuve que David était toujours près de moi. Perdre un enfant, me dit-elle, est une épreuve insupportable et j'ai la sensation qu'un énorme poids m'a été enlevé. J'étais sous antidépresseurs et, à la suite de cette visite, j'ai remonté la pente et ma souffrance s'est transformée. »

Voici le témoignage d'une autre maman ayant perdu son fils dans des circonstances tragiques:

« 19 mai 2008, mon fils Guillaume a choisi de quitter cette terre, trop difficile pour lui, des années de souffrance. C'est l'horreur absolue, pas de mots assez forts pour décrire ce que je ressens. Je sais qu'il y a une vie "après" mais c'est pour moi l'inconnu total. Je suis hantée par l'idée de comprendre et d'en savoir plus.

J'ai rencontré Alain Joseph une première fois et je me suis sentie très bien. Il me regardait, pourtant ses yeux étaient ailleurs. Il me disait ce qu'il voyait et l'écrivait. C'était impressionnant. Il avait vu des événements de mon passé. Il connaissait mon présent. Il parlait de mon futur en précisant des lieux de mon existence, les prénoms de mes enfants... C'était déconcertant.

Quand Guillaume est parti, j'ai demandé à Alain Joseph s'il pouvait me recevoir; j'avais besoin de savoir, de comprendre, et j'espérais qu'il pourrait m'aider.

Le jour de ce rendez-vous, Alain Joseph me dit que l'esprit d'un jeune homme était présent dans la pièce.

Il s'appelle Guillaume ! Il le décrit et me dit qu'il a mis fin à ses jours, qu'il a choisi de partir en additionnant drogue, alcool et médicaments.

À travers Alain Joseph, j'ai entendu : "Je regrette, maman, de t'avoir fait souffrir, mais je suis soulagé. J'ai trouvé la paix, tu dois regarder devant toi, penser à toi et être heureuse."

Guillaume montra à Alain Joseph un objet qu'il se mit à dessiner sur une feuille de papier. Il ne voyait pas trop ce que c'était mais il pensa à quelque chose qui ressemblait à une raquette de tennis, et en tout cas à un tressage. Cela me rappela qu'au cours d'une promenade avec un ami Guillaume avait composé une sorte d'objet avec de l'herbe tressée qui ressemblait à une grande feuille d'arbre. Je l'avais conservée à la maison, et chaque fois que je la regardais, je pensais aussitôt à mon fils. Alain Joseph venait de réaliser sur le papier ce que Guillaume avait créé en ramassant des brindilles sur le chemin. Il voulait probablement me signifier sa présence. C'était un signe pour que je comprenne qu'il était là à travers ce détail.

Puis Alain Joseph me dit qu'il voyait une photo de mon fils sur laquelle il y avait des bougies. Guillaume tenait à ce que je sache qu'il était heureux. Il aimait que je pense à lui mais ma souffrance le retenait. Il n'arrivait pas à progresser librement. Alain Joseph me décrivit les endroits que Guillaume adorait. C'était principalement la mer, où il passait beaucoup de temps. En la désignant, il nous rappelait que c'était là que ses cendres avaient été dispersées. Et c'était comme un clin d'œil complice. Car, selon lui, la mer était le meilleur choix que l'on ait pu faire pour lui permettre de rejoindre l'autre côté.

Je remercie Alain Joseph d'avoir pu m'aider à savoir enfin que mon fils est heureux. C'est un grand soulagement car la douleur est profonde et il me manque terriblement. Alain Joseph est un être chaleureux. Avec naturel et simplicité, il m'a ôté la peur de l'inconnu. Grâce à lui, j'ai pu rassurer tous mes proches, leur permettre de supporter la mort de mon fils… et la mort tout simplement. Merci encore. »

La vie de Linda s'est arrêtée le jour où son mari est parti. Elle n'était nullement préparée à ce départ, comme une personne peut l'être lors d'un décès causé par une maladie. Les adieux n'ont pas été possibles. Nos chers disparus n'aiment pas nous voir souffrir. Chaque fois que l'on pense à eux, ils viennent, et plus particulièrement quand on traverse un passage difficile. Bien souvent, ils veulent manifester leur présence et nous dire qu'ils sont toujours vivants. Nos pleurs aussi les empêchent d'évoluer dans l'au-delà. La période du deuil est toujours délicate.

Linda me rendit visite en espérant entendre une phrase, ou même un seul mot de son mari. Une preuve de survie, en somme. Elle ne me connaissait pas. Comme c'est souvent le cas, tandis que je lui exposais ma méthode, je compris que nous n'étions pas seuls.

Elle était en deuil, comme elle me l'avait dit, mais j'ignorais tout de la personne qu'elle avait perdue. Deux esprits autour d'elle semblaient vouloir la réconforter. C'était son père et sa grand-mère. Je lui donnai tous les détails de leur aspect physique.

Mes guides me montrèrent les circonstances et les lieux d'un accident, la couleur des voitures impliquées.

Il y avait un homme étendu sur un brancard. C'était le mari de Linda. Des pompiers mettaient tout en œuvre pour le réanimer. Le contact s'est brusquement interrompu. Je me disais en moi-même que son départ était bien trop récent.

Après quoi, mes guides spirituels me montrèrent la vie de Linda, le nombre d'enfants qu'elle avait, leurs difficultés, les problèmes de santé à venir, un accident grave qu'elle pouvait éviter, des noms et des prénoms de personnes qui allaient l'aider. Noms et prénoms qui, lorsque je les communiquai à Linda, provoquèrent un long silence perplexe. Elle ne les avait jamais entendus.

Quelques mois passèrent puis Linda revint en consultation. Elle me dit que tous les événements décrits lui étaient rapidement arrivés, que les personnes que j'avais nommées s'étaient identifiées. Elle me rendait visite dans l'espoir de pouvoir converser avec son mari. Je lui expliquai que je n'étais qu'un instrument. Ma médiumnité ne décidait pas de la possibilité de faire venir ou non une entité. Je n'étais qu'un récepteur. Elle le comprit fort bien.

Finalement, le mari de Linda se présenta à moi sans attendre. Il lui parla de ses sentiments et de l'amour qui les liait. Puis il énuméra les prénoms de toutes les personnes qu'il aimait. Il parla de son meilleur ami, cita son prénom, évoqua son frère, leur demanda d'arrêter de culpabiliser, car, dit-il, « ils se sentaient responsables de n'avoir rien fait ». Il voulait que l'on comprenne bien que ça avait été son heure et que le destin avait agi dans ce sens. Il rappela les émotions qu'il avait éprouvées au moment de son départ, le terrible regret d'être ainsi parti sans avoir dit au revoir. C'était cela qu'il venait faire ce jour-là.

Le deuxième contact médiumnique fut encore plus fort, et commença vraiment à atténuer la souffrance de Linda. Celle-ci avait fini par comprendre que son mari était parti à l'heure qui devait être la sienne. Il n'y avait pas à culpabiliser. C'était ainsi. Chacun son heure ! L'esprit de son mari lui demanda de poursuivre sa route en veillant bien sur leurs enfants. Linda avait véritablement admis qu'elle devait laisser son mari évoluer dans l'au-delà en faisant en sorte qu'aucune peine ne le retienne.

Aujourd'hui, elle pense toujours à son mari mais de façon paisible. Elle a accepté son départ.

Patricia a quitté ce monde d'une manière tragique. Elle sait que sa famille ne peut se remettre de son départ. Elle vient délivrer un message à sa sœur Caroline.

Caroline témoigne :

« J'attendais avec angoisse, après sept ans de procédure, le procès en appel qui m'opposait à mon ancien employeur. C'est alors qu'une amie me parle de son médium Alain Joseph Bellet. Selon la procédure qu'elle m'avait indiquée, je lui adressai ma photo. Ne pouvant alors m'éloigner de Paris, je lui demandai de me parler de mon avenir.

Un mois plus tard, en réponse à mon courrier, je reçus une lettre de six pages recto verso. Après m'avoir expliqué la façon dont il avait travaillé sur ma photo (perception de noms, ressentis émotionnels, flashs me mettant en situation dans un passé ou un futur proches, sans distinctions chronologiques, outre des indices saisonniers), Alain Joseph entrait dans le vif du sujet, à savoir ma vie. Il me donnait les noms de mon entourage familier.

La description intérieure de ma maison, le portail de l'école où se rend ma fille, le rituel de la sortie de classe, la couleur de ma voiture, mon anxiété au volant, ma phobie de l'accident... Tout était rigoureusement précis. Ma situation maritale, mes différends avec mon compagnon au sujet de l'éducation de notre fille, nos difficultés à communiquer, nos disputes. Rien n'était laissé de côté.

Il me parlait de mon père décédé, de la relation particulière que nous avions. Il me disait tout des désaccords liés à la vente de la maison familiale, des soucis de santé de maman, du soutien que j'apportais à une amie ayant eu un cancer, bien d'autres choses encore.

Au fil des mois, certaines prédictions qu'Alain Joseph avaient consignées dans son courrier se sont concrétisées. Et depuis, toutes sans exception l'ont été. Finalement, je décidai de le rencontrer et m'organisai pour effectuer ce déplacement.

Me voici dans son bureau. Il me dit : "Je vois l'esprit d'un homme derrière vous. C'est votre papa. Je ne le sens pas très content. Il dit que l'être humain est toujours intéressé par l'argent. Il comprend les tensions de la famille et s'inquiète pour la santé de votre maman. Il vient souvent lui rendre visite, à côté d'une cheminée où elle se repose, et aussi dans la cuisine où il avait l'habitude de lire son journal."

Il me parle de la passion de la petite-fille de mon père pour la danse et le théâtre. Il évoque les problèmes de santé de ma mère dans les moindres détails, et poursuit la consultation en me livrant des faits au sujet de ma famille. "Cela aura vraiment de l'importance et vous comprendrez pourquoi", me dit-il. Et d'ajouter : "Votre sœur et votre frère se liguent contre vous, histoire de jalousie liée à l'argent et aux biens de votre mère. Je vois votre sœur faire un chantage au suicide, suivre un traitement neurologique. Je la ressens en danger, elle a déjà fait des tentatives de suicide, a mélangé alcool et cachets, attention au coma. Son frère sera son tuteur, sans l'aider pour autant. Un clan se formera dans la famille. Il y aura des procédures en justice."

Rien de réjouissant ! J'ai quitté Alain Joseph en espérant qu'il se trompe. Et cependant, toutes les informations qu'il avait rapidement enchaînées étaient vraies. Toutes ses prédictions se sont réalisées et notamment la plus terrible : le suicide de ma sœur.

Mon frère s'est présenté comme unique famille de ma sœur. Il l'a fait incinérer en catimini sans nous avoir informés de son décès. Nous ne l'avons appris que par hasard. Dévastée par le chagrin et la culpabilité, j'ai voulu rentrer en contact avec ma sœur. J'ai téléphoné à Alain Joseph pour obtenir un nouveau rendez-vous.

C'est dans la période de la Toussaint que nous sommes parvenus à nous rencontrer. Ce rendez-vous est le plus beau cadeau que j'aie reçu après la naissance de ma fille. Voici ma vie, telle qu'Alain Joseph me l'a narrée ce jour-là : "Votre sœur s'en est allée, il y a un passage difficile, je vois un corps que l'on détache (ma sœur s'est en effet pendue dans sa douche), elle vient vous dire qu'elle est heureuse, qu'il ne faut pas s'inquiéter, que les cendres sont dans une urne dans un endroit sombre, elle vous dit Bibiche... Bibiche... Dis, Bibiche." Alain Joseph se tait. Il est interloqué. Mais moi je sais qui est Bibiche. C'est une allusion à une tante que nous n'aimions guère, ma sœur et moi. Chaque fois qu'elle nous demandait un petit service, elle enrobait onctueusement sa requête d'un "Dis, Bibiche" !

Plus tard, l'officier de gendarmerie nationale qui avait entendu mon frère dans le cadre de la procédure judiciaire (tout comme l'avait deviné Alain Joseph !) obtint l'aveu de mon frère selon lequel il avait confié l'urne à ma tante, la fameuse "Dis, Bibiche" ! Ce premier message de l'au-delà était bien clair : ma sœur avait indiqué, par l'intermédiaire d'Alain Joseph, l'endroit où se trouvait l'urne !

Nous espérions que la procédure en cours nous permettrait de récupérer les cendres de ma sœur afin qu'elle puisse reposer auprès de mon père dans le caveau familial, devant lequel nous pourrions nous recueillir en paix. Alain Joseph continua : "Je vois une église, des cierges, une cérémonie, des bougies qu'on allume le 20, date de son anniversaire ! Son esprit s'en est allé vers un état d'amour." Nous n'avions pas pu assister aux obsèques de ma sœur. Ma mère et moi en souffrions tellement que nous avions organisé, la veille de son anniversaire, une cérémonie dans une église avec son portrait.

Alain Joseph poursuivit : "Votre sœur me dit que les cendres du corps physique n'ont aucune importance. Là où elle se trouve, elle est heureuse." À travers Alain Joseph, j'entendis : "Caro, je suis heureuse, c'était mon chemin, un peu difficile, vous avez votre vie et vous devez la continuer sans moi." Puis il me dit que ma sœur n'était pas en colère après moi, qu'il ne fallait surtout pas me culpabiliser, qu'elle se trouvait avec l'esprit de sa grand-mère. Alain Joseph me conseilla : "Il faut arrêter de pleurer, il faut la laisser partir, chaque fois que vous pleurez, vous la retenez dans son évolution. Votre sœur me dit que votre frère (il donne son prénom) n'est pas gentil et qu'il ne faut rien attendre de lui. Elle insiste et vous demande de ne pas culpabiliser, car elle était malade, bipolaire, souvent dans un état de crise, d'angoisse insurmontable." Vision d'Alain Joseph : dans le séjour de son appartement, elle marche de long en large, la tête ailleurs, elle a envie de quitter ce monde, elle pense à la douche. La porte extérieure de son appartement est ouverte, urgence d'en finir.

La porte ayant été trouvée ouverte, je me posais des questions. Elle y avait répondu. Alain Joseph me rapporta : "Votre sœur sourit, elle s'en va, elle dit : Embrasse bien maman et demande-lui d'arrêter de pleurer, car il faut poursuivre votre vie, il faut se détacher des histoires de famille, de ce litige, et surtout des biens matériels." À travers lui, elle me confia ces mots si réconfortants : "Caro, je t'embrasse, embrasse mamie aussi, surtout dis-lui de ne plus pleurer et qu'elle se détache de ses maisons."

Ma rencontre avec Alain Joseph a été cruciale dans mon cheminement spirituel. Grâce à sa faculté de pouvoir se connecter avec l'invisible, je sais que la mort physique n'est pas une fin. Je le remercie pour tout ce qu'il m'apporte dans l'éveil de ma conscience et lui suis surtout infiniment reconnaissante d'être mon fil d'Ariane avec mon père et ma sœur décédés. »

Suivant la manière dont l'esprit quitte ce monde, il éprouve, comme vient de le faire la sœur de Caroline, le besoin de rassurer quant aux circonstances de sa mort, s'agissant d'un suicide ou d'un assassinat.

Je me souviens d'un couple de personnes âgées ayant récemment perdu leur fils. Au moment de la consultation, je fus obligé de leur dire que je ne parvenais à voir aucun esprit auprès d'eux. J'en étais peiné et leur demandai de garder espoir. Après tout, ce n'est pas moi qui décide de la venue des esprits.

Leur fils s'est suicidé et ils ont peur car on leur a dit qu'il pouvait *errer* entre deux mondes. Je ne suis pas du tout d'accord avec cette idée et je leur conseille tout simplement de faire des prières pour lui.

Un autre jour, nous nous rencontrons, et cette fois je vois un jeune homme. Il me communique son prénom et un petit message à l'attention de sa mère: « Maman, je vais bien, je suis heureux, au moins ici je n'ai plus de problème de fuite d'eau ! » La pauvre maman s'effondre en pleurs. Son fils s'est suicidé et le drame s'est déroulé dans un appartement où il se plaignait d'avoir sans arrêt des fuites d'eau. Il venait de lui donner une preuve de survie. La note d'humour qui accompagnait son message attestait qu'il était parfaitement heureux !

Il y a des consultations qui sont très difficiles à gérer, émotionnellement et physiquement, notamment quand l'esprit me montre une mort empreinte de violence et de cruauté.

Ce jour-là, je recevais Martine. En lui touchant la main pour lui dire bonjour, je captai des vibrations négatives que je pouvais ressentir au niveau de mon plexus solaire.

Je vis aussitôt cette scène : un homme est assis aux commandes d'un car, quelqu'un s'approche de lui et lui serre le cou avec un lacet. Je vois le meurtre s'accomplir sous mes yeux.

Martine retient ses larmes. Elle sait. Je lui dis : « Votre frère est là, il est parti dans ces circonstances tragiques, il a été assassiné ! »

C'est difficile pour moi autant que pour cette personne qui fait un retour dans le passé ténébreux de son parent. La séance est lourde, éprouvante. Son frère lui dit : « Je vais bien, arrête de pleurer, je ne veux pas que tu penses sans cesse aux circonstances de mon départ, cela a été très rapide, je n'ai pas souffert ! »

L'esprit donne ensuite le prénom de son meurtrier. Martine est époustouflée et libère, dans une émotion très forte, un flot de larmes. À cet instant, elle peut commencer son deuil.

Mes guides spirituels affirment que Martine a déjà rencontré l'assassin de son frère au cours d'une fête de village, et qu'elle va le croiser une deuxième fois. Elle me dit qu'en effet elle l'a approché par le passé et qu'elle n'en revient pas des détails que je lui donne au sujet d'un événement aussi fugace.

Quelques mois plus tard, Martine m'avoua que ces prévisions l'avaient aidée à se préparer à ce moment douloureux qui avait fini par se produire. L'esprit de son frère lui avait demandé de cesser de se remémorer en boucle l'histoire de son départ. Ce jour-là, l'esprit de sa maman fit son apparition, ainsi que celui de son père. Ils donnèrent des indications précises sur le lieu où ils vivaient, sur leur façon de s'habiller, leurs habitudes.

Cette séance a pu aider Martine à évoluer dans le deuil qu'elle n'avait pu faire en ressassant les circonstances du départ tragique de son frère. Aujourd'hui, elle n'a plus de doute sur l'existence d'une après-vie. Elle sait qu'un jour elle retrouvera les siens.

Carole a vécu la tragédie de perdre son compagnon, sans avoir pu lui dire adieu. Il vient la rassurer et lui dire qu'il a entendu le texte lu lors de son enterrement. Elle témoigne de sa consultation :

« Je suis allée voir Alain Joseph, après le décès accidentel de mon compagnon. Je le connaissais depuis quelque temps déjà et, à chaque rencontre, j'avais été impressionnée par la justesse de ses prédictions. De plus, j'ai toujours été ouverte à l'idée qu'il y ait des choses qui nous entourent et que nous ne pouvons voir. J'ai ressenti qu'Alain Joseph était en connexion avec un univers parallèle qui nous échappe et qui est celui des âmes. Je désirais savoir si mon compagnon était en paix malgré son décès brutal, car je souffrais encore de son départ.

Alain Joseph m'a décrit exactement les circonstances du décès : un quai, la nuit, le pied qui glisse, la chute ! Description du lieu dans les détails, l'état dans lequel il se trouvait physiquement et moralement. Il m'a ensuite dit que mon mari n'a pas réalisé qu'il avait quitté son corps. Il est rentré à la maison, comme si rien ne s'était passé. Alain décrit l'intérieur de l'appartement. Cela m'a surprise, car la nuit qui a suivi le décès de mon compagnon, une amie dormait chez moi et m'a raconté que la porte de la chambre s'est ouverte brutalement et qu'elle n'a pas pu la refermer. Elle m'a dit le lendemain matin :

“Il a dû essayer de rentrer à la maison.” Je n’y avais pas vraiment prêté attention, mais, en entendant Alain Joseph évoquer ces faits, cela me parut fort probable.

Alain Joseph m’a décrit la cérémonie des obsèques dans les moindres détails. J’avais écrit un texte pour mon compagnon en espérant qu’il l’entende de là où il était et son esprit, à travers Alain Joseph, m’a parlé de ce qu’il avait effectivement entendu ! Il a également évoqué l’enquête qui n’aboutirait pas. C’était exact.

À un moment, il a fait le portrait de mon compagnon et m’a transmis ce message : “Je suis désolé pour ce qui est arrivé, cet accident, j’aurais dû être vigilant !” À travers lui, il m’a aussi transmis des paroles d’amour et de réconfort et m’a assuré qu’il était en paix, mais que mon chagrin le troublait car il souhaitait que je continue ma route, et surtout que je sois heureuse pour notre enfant et pour moi-même.

Ces paroles m’ont beaucoup apaisée. Elles m’ont aussi rassurée par rapport à mon compagnon et m’ont permis de continuer dans la ligne que je m’étais fixée depuis son décès. Continuer à avancer pour notre enfant et rendre ainsi hommage à notre histoire. Continuer à avancer et apprivoiser le bonheur, pour que lui aussi puisse continuer son chemin en paix. »

Que le message soit long ou court

Que le message soit long ou court, je dis toujours qu’un contact médiumnique n’est pas systématique. Quand cela se produit, il faut le vivre comme un cadeau. L’esprit vient quelquefois à moi pour délivrer un court message. Il va directement à l'essentiel pour se faire reconnaître et enlever le moindre doute dans l'esprit de la personne qui le reçoit.

Pascale avait perdu son père. Je le savais car je le vis immédiatement, à l'instant où elle s'assit dans mon bureau. À peine avais-je commencé à parler qu'il m'interrompit : « Ma fille, je suis là, ton père ! » Je n'entendis rien de plus mais mes guides me montrèrent une chambre d'hôpital et un homme allongé sur un lit. Il savait qu'il allait mourir. Il regardait à travers la fenêtre et ses yeux s'attardaient sur un marronnier où venait de se poser un oiseau. Je compris que le père avait dit à sa fille quelque temps avant de mourir : « Tu vois, un jour, je serai comme cet oiseau sur ce marronnier, je prendrai mon envol. » C'était bien ces mots-là. Sa fille me le confirma. Son père lui avait parlé ainsi avant son départ.

Je n'ai rien obtenu de plus au cours de cette consultation mais c'était une preuve irréfutable de la survie. Sa fille s'en était souvenue. Elle me quitta en retrouvant dans son cœur ce bref et magnifique message.

Il arrive que le message soit encore plus court ; c'est parfois une très brève apparition. Annick vint me voir car elle avait perdu son mari depuis peu. Je lui parlais de son départ quand l'esprit de celui-ci m'apparut, le temps de décrire l'aspect qui était le sien de son vivant et de me montrer une scène où il portait un vélo sur son épaule en lui faisant signe de la main. Ce fut tout. Il avait disparu. L'apparition n'avait pas duré deux minutes. J'en étais désolé pour Annick. Des larmes coulaient sur ses joues, bientôt adoucies par un beau sourire. Elle me confia que son mari était cycliste et qu'il avait l'habitude de la quitter ainsi. Par cette scène de son vécu, l'esprit venait de nous prouver sa présence. Elle avait été fugitive mais bien réelle à nos côtés. Il fallait l'accepter ainsi.

L'esprit d'une petite fille se présenta au rendez-vous de sa tante. Elle me dit s'appeler Morgane. Elle venait adresser un message au sujet de sa mère qui n'allait pas bien. Il y était question d'un doudou que la tante avait conservé. L'évocation de ce doudou était comme un clin d'œil complice, une sorte de sourire avant d'aborder des choses bien plus sérieuses. Car, ensuite, elle parla de sa mère qui buvait, qui était tombée sur le pont de son bateau, qui était en danger. La tante me confirma que sa sœur naviguait et aussitôt Morgane me fit savoir qu'il fallait que sa mère sache qu'elle l'aimait, qu'elle devait accepter son départ car elle était heureuse. Elle me dit qu'elle était née en juillet et qu'elle était partie un mois de décembre, d'une tumeur au cerveau. Elle ne voulait pas que sa maman continue de souffrir. Il fallait que sa tante lui dise que la vie continuait, qu'elle était bien, qu'il n'y avait aucun souci à se faire. Sur ces mots de bonheur, elle nous quitta. Le message avait été rapide mais il fallait désormais le transmettre. Une lourde tâche pour la tante, mais avec la promesse d'une certaine légèreté.

Dans cette famille où plusieurs enfants étaient partis, Max venait dire bonjour à sa mère. Il me montra le nombre vingt-quatre qui était son âge. Il me désigna le 4 décembre, jour de son départ dans des circonstances sur lesquelles il n'avait pas envie de s'appesantir. Il était mort d'une overdose. Max désirait me transmettre tout son amour pour sa maman qui vivait seule, si seule qu'il voulait ardemment qu'elle reprenne sa vie en main. Pour interpeller sa mère, il me donna un détail bien précis.

Sa mère aurait aimé lui parler d'un secret qu'elle avait enfoui depuis l'adolescence. Elle pensait qu'elle aurait largement le temps de lui en parler un jour. Dans ce contact médiumnique, Max me révéla qu'il connaissait le secret de sa maman. Et il fit comprendre qu'elle n'avait aucun souci à se faire, que ce n'était vraiment pas grave. Ce fut un soulagement pour elle. Son fils était présent et savait. Elle n'avait aucune raison de culpabiliser. Comment le dire autrement : la vie est belle !

Jean-Claude me consultait pour avoir des nouvelles de ses chers disparus. Je n'étais pas sûr de pouvoir satisfaire sa demande. « Même un tout petit contact me ferait plaisir ! » Nous n'eûmes pas longtemps à attendre, car sa maman m'apparut et je pus aussitôt détailler son apparence et particulièrement sa coiffure. Elle me montra sa solitude au moment de partir. Son fils me confirma qu'il n'avait pu être auprès d'elle. Sa mère lui fit savoir qu'elle était avec Michel, le frère de Jean-Claude.

C'est alors que Michel prit la parole, non sans humour : « Pour moi non plus tu n'étais pas là, frangin. Jamais là quand il le faut, pas vrai ? » Le message était court mais suffisamment précis pour interpeller Jean-Claude, que son frère appelait toujours *frangin*.

Martine me consultait pour avoir des nouvelles de son père. Elle avait fait le déplacement pour cela et sur le trajet, dans la voiture, elle avait demandé à cet esprit de bien vouloir venir lui parler d'un fait précis pendant la consultation.

Comme elle s'occupait de sa mère âgée, l'esprit de son père se présenta pour la remercier. Les esprits de l'autre côté sont sensibles au bien que nous pouvons faire. L'esprit du père dit qu'il était très fier de sa fille, donna des détails sur la santé de sa femme, et plus particulièrement sur ses pensées négatives. Elle pensait au suicide car elle en avait assez de la vie et débordait de ressentiment. Son père savait tout cela, comme les efforts que faisait sa fille pour sortir sa mère de ses états d'âme négatifs. Et brusquement, il eut envie de dire quelque chose de très important : « En plus, elle vient de perdre son chat ! » Martine aussitôt de s'exclamer : « Mais il vient de répondre à ma question ! Je lui avais demandé dans la voiture de venir évoquer le chat de maman qui venait de partir… »

Dans cet exemple, l'esprit avait été directement à l'essentiel. Ces quelques mots renvoyant à un chat avaient suffi à rassurer Martine. Son papa avait été là ! Lors de ce contact médiumnique, lorsque l'esprit du papa de Martine me parlait des idées suicidaires de sa femme, j'entendais, mais en arrière-plan : « Elle aurait tout à recommencer ! »

Je demeure persuadé que, lorsqu'une personne met fin à ses jours, c'est qu'elle veut mettre un terme à l'accomplissement d'un but spirituel sur cette terre. Elle devra faire le choix de revenir ici-bas pour atteindre la perfection. D'où la vaste question du suicide. Il y a tant de causes à cet acte. Ce que je sais, c'est que l'âme regrette d'avoir mis fin à ses jours quand elle voit la souffrance de ses proches restés sur terre. Il est important aussi de ne pas penser sans arrêt au geste du disparu. Vous pourriez l'entraîner vers plus de remords. Dites-lui, si vous l'aimez : « Je pardonne ton geste. Nous nous retrouverons un jour. Je t'aime, va vers la lumière ! »

L'écriture automatique

Depuis quelques années, j'observe que dans les messages en écriture automatique, la graphie est celle de l'esprit de son vivant. Ces messages portent parfois la signature qui était la leur. En cours de consultation, où j'ai l'habitude de noter le travail que j'effectue, je constate, lors d'un contact inopiné, que mon écriture change sous l'impulsion d'une énergie qui entre dans mon bras. À ce moment, le mouvement de ma main est incontrôlable. C'est l'énergie qui décide de ce que je vais écrire.

Frédéric témoigne :

« Mon premier contact avec Alain Joseph a pris la forme d'une demande de consultation par courrier, car j'habitais Paris et mon emploi du temps ne me permettait pas de me déplacer. Je lui ai donc adressé ma photo.

Lorsque j'ai reçu sa réponse, le choc a été tellement fort que j'ai dû m'asseoir. Il me décrivait l'appartement dans lequel j'étais, mais aussi celui que je ne connaissais pas encore et dans lequel j'écris aujourd'hui. Il me racontait précisément le travail que je faisais, l'endroit où je l'exerçais et il nommait tous les gens qui m'entouraient par leur prénom. L'expérience a été tellement forte et unique que j'en ai immédiatement parlé à mes amis.

Un an plus tard, je me suis organisé pour aller le rencontrer en Bretagne. Il prit son stylo et commença à noircir des pages devant moi. Il me parla d'événements qui s'étaient passés et de situations qui allaient se produire par la suite. À un certain moment, le regard vide, il a semblé regarder derrière mon épaule et m'a simplement dit : "J'ai un message pour vous." C'était un message de ma mère, il a signé de son prénom, qu'il n'avait jamais entendu : "Mon petit chéri, je suis là et je t'aime."

Ce qui était fantastique à mes yeux, c'est qu'au moment où ma mère entra en contact avec moi l'écriture d'Alain Joseph se mit à changer. Il avait adopté, sans évidemment la connaître, sa manière d'écrire. Ce n'en était que plus émouvant. Ma mère était donc bien présente. Il existait un autre monde après la mort.

De retour chez moi, j'ai montré ces pages écrites comme sous la dictée par Alain Joseph. Pour ma sœur et mon beau-frère, il n'y avait aucun doute. C'était bien l'écriture de ma mère. L'émotion a été encore plus forte lorsque j'ai ressorti d'anciennes lettres qui commençaient toutes par "Mon petit chéri". Dans ces conditions, pour moi, le mot "médium" est utilisé de la façon la plus juste qui soit. Alain Joseph est bien le médium au sens d'un intermédiaire entre le plan visible et invisible, entre ma mère et moi. »

Dans l'exemple qui suit, la personne qui me consulte retrouve l'écriture de sa grand-mère, mais aussi l'intonation de sa voix dans la mienne, laquelle est modifiée au moment du contact médiumnique.

Béatrice témoigne :

« Ce qui vous pousse à consulter un médium, c'est qu'à un moment de votre vie tout semble embrouillé, on ne sait plus quel chemin prendre ni dans quelle direction aller. C'est dans ce besoin d'éclaircissement que je me suis décidée à faire appel à Alain Joseph.

Dans le *Dictionnaire de la langue française*, la définition de médium est la suivante : "Personne qui prétend servir d'intermédiaire entre ses semblables et les esprits des morts ou autres. Mot latin qui signifie *être au milieu*." Le seul emploi du verbe *prétendre* laisse planer la possibilité d'un doute et il est facile d'imaginer combien ce verbe doit ravir les esprits les plus cartésiens.

Je dois avouer qu'au cours de cette démarche je n'avais pas entièrement fermé la porte au scepticisme. Je suis restée assez longtemps méfiante et interrogatrice. Manipulation, supercherie, arnaque sont des vocables si souvent associés à la profession de médium.

Si j'ai accepté aujourd'hui d'apporter un témoignage sur le travail d'Alain Joseph, c'est que des éléments, lors de mes consultations avec lui, ont été suffisamment troublants pour que je me sente le devoir de les rapporter. Je tiens à signaler, bien évidemment, que je n'ai jamais orienté Alain Joseph lors de nos séances, me contentant toujours de répondre par oui ou par non en m'efforçant de ne donner aucun renseignement susceptible d'être utilisé par lui à des fins fallacieuses.

Ses prévisions se sont avérées. Il me voyait faire d'incessants allers et retours sur la voie express entre Quimper et Lorient. Cette voyance se réalisa puisque j'ai fini par rencontrer quelqu'un qui habitait Lorient. Dans les images qui lui venaient, cette personne était entourée de livres. Cela ne pouvait être plus vrai puisque la personne dont j'étais devenue amoureuse était libraire. Il signala les difficultés que j'aurais à me faire accepter des enfants de celui-ci, ce qui se révéla tout à fait exact. Il devina un voyage que j'allais effectuer, des difficultés liées à la gestion de mon commerce. L'une de mes employées, selon lui, déroberait l'argent de la caisse. Cela aussi se réalisa.

Concernant les faits de médiumnité pure, autrement dit la mise en relation entre le monde des vivants et celui des personnes défuntes, je dois avouer qu'Alain Joseph m'a fortement impressionnée. Il me parla de ma grand-mère maternelle, récemment décédée, qu'il voyait habillée d'une blouse fleurie. Des souvenirs d'enfance remontant aux années 1970 me revinrent en tête. Elle était mariée avec un homme portant une casquette de gendarme : mon grand-père était en effet gendarme. On le voyait en uniforme sur la photo de jeunes mariés. Alain Joseph articula un prénom, Jeanne, oubliant juste le premier prénom de ma grand-mère. Elle s'appelait Marie-Jeanne. Elle parlait à travers la bouche d'Alain Joseph pour me dire qu'elle était déçue de l'attitude de mon frère après son décès, que notre brouille au sujet de questions d'argent et d'héritage était indigne. Elle me demanda de ne plus être fâchée après mon frère. "Vous étiez si proches", me dit-elle. Elle continua à communiquer avec moi, assurant qu'elle m'aimait, qu'elle serait toujours là chaque fois que je penserais à elle. Elle me fit encore savoir qu'il lui arrivait de venir me voir chez moi, qui fut aussi chez elle, et cela me rassura d'imaginer qu'elle n'était pas loin de moi au travers de ces vieilles pierres. Alain Joseph me répéta plusieurs fois : "Tu n'étais pas là, mais ce n'est pas grave." Elle faisait allusion à son enterrement auquel je n'avais pu hélas assister.

Alain Joseph notait toutes ses paroles, très vite, et comme en état de transe. J'ai cru retrouver, en relisant ses lignes, une écriture voisine de celle de ma grand-mère. De la même façon que la voix d'Alain Joseph avait emprunté les accents de mon aïeule, j'avais établi un rapprochement entre sa graphie et la forme des lettres cependant dessinées par la main de mon médium.

Ma grand-mère paternelle fit aussi son apparition, m'assurant de sa protection. Cela me dérouta un peu car nous avions eu des rapports difficiles, et surtout tardifs, après la séparation de ma mère d'avec mon père (le fils de ma grand-mère), lequel interviendra d'ailleurs un peu plus tard. Elle me disait être aux côtés de Louis. Alain me parlait de Tine ou Titine et de Marie-Thérèse, l'une de ses amies avec qui elle était. Cela ne me disait absolument rien. Mais je fus éclairée ensuite par mon oncle paternel qui m'indiqua que Louis était le prénom de mon grand-père, chose que j'avais oubliée, ne l'ayant jamais connu, et que Tine était le surnom donné à mon aïeule en diminutif de Catherine. Quant à la fameuse Marie-Thérèse, c'était une grande amie de ma grand-mère avec laquelle elle écumait les salons de thé.

Jean, mon père (son prénom apparut aussi), profita de l'occasion pour s'exprimer par l'intermédiaire d'Alain

Joseph et me faire part de ses regrets de n'avoir pas été assez présent durant toute mon enfance. J'acceptai ses excuses posthumes. Alain Joseph me parla aussi de Clochette. "Qui est Clochette ?", me demanda-t-il.

Amusée autant que surprise, je lui répondis que c'était le surnom que ma mère donnait à ma chatte, elle aussi disparue. Elle était incapable de se rappeler du véritable nom de mon animal de compagnie. "Fais attention à Clochette !", me répétait-il de la part de ma mère.

Quatre mois plus tard, elle mourait d'une maladie de vieux chat. Lors d'une autre séance, Alain Joseph me donna des nouvelles de Clochette. Il la voyait sur les genoux de Marie-Jeanne. Les animaux que l'on a beaucoup aimés, ce qui était le cas, apparaissent parfois ainsi, me confia-t-il.

Grâce à deux ou trois rendez-vous avec Alain Joseph, j'avais pu prendre des nouvelles de *mes vieux*, comme je les appelle affectueusement, et je m'étais habituée à leurs interventions. C'était devenu pour moi quelque chose d'assez naturel. Je n'avais pas peur du tout de ces manifestations. Cela était d'ailleurs rassurant de les savoir si proches, même si cela peut sembler fou et complètement inexplicable. Voilà ce que je peux dire de mon expérience et de mon ressenti tout au long de mon travail avec Alain Joseph, celui qui *est au milieu*. »

Souvent, au cours d'un contact médiumnique, je ressens le caractère et la personnalité de l'esprit dans sa façon de me parler ou de me faire ressentir ses émotions. Ce qui me permet de confirmer que, de l'autre côté, nous restons nous-mêmes. Je me souviens d'un contact lors duquel l'esprit d'une femme vint me dire à l'oreille, alors que sa petite-fille consultait : « Je n'aime pas beaucoup les gens comme vous ! Enfin vous, ça peut aller encore... Une cartomancienne a déjà annoncé à ma petite-fille qu'elle ferait une rencontre importante et, pour l'instant, elle est toujours seule ! » J'en étais resté abasourdi, et je me fis la réflexion que je ne pouvais forcément pas plaire à tout le monde de l'autre côté. Certains esprits préfèrent choisir un médium qui leur correspond davantage. Afin de bien faire passer le message qu'ils veulent transmettre, ils choisissent un canal féminin ou masculin.

Il y a aussi de merveilleux messages qui passent à travers moi, comme ce fut le cas ce jour-là.

Une charmante dame vint me consulter. L'esprit de son grand-père, qui avait l'habitude de saluer en soulevant sa casquette puis de se gratter le crâne, se présenta à moi. Il venait dire qu'il était là en compagnie de son fils Joseph, le père de cette dame. Joseph me montra une scène où l'enfant de sa fille dormait dans un lit à barreaux. Souvent réveillé, il tendait les mains vers le vide comme s'il voulait qu'on le prenne dans les bras. Il n'avait que cinq ans. L'esprit du grand-père tentait de faire comprendre qu'il était souvent là, auprès de son petit-fils dans son lit, et que le petit le voyait vraiment. Sa maman s'était toujours étonnée de l'entendre parler de son grand-père qu'il n'avait pas connu. Passant à côté d'un cimetière, il avait par exemple déclaré : « C'est là que mon grand-père est enterré ! »

Joseph venait d'apporter une preuve de survie à sa fille. Plus encore, il lui faisait comprendre qu'il avait un lien particulier avec son petit-fils lequel, malgré son très jeune âge, se souvenait de lui. Il ne l'avait pas connu dans cette vie-ci, mais il était avec lui depuis l'au-delà. Certains enfants, jusqu'à l'âge de six à sept ans, ont un souvenir indéfinissable de l'au-delà. Ils peuvent capter la présence d'esprits. Puis cette faculté disparaît mais, dans quelques cas, elle demeure et s'accentue au fil des ans. C'est dans ces conditions que le petit enfant peut devenir médium, car chez lui le contact avec l'autre monde n'a pas été rompu. Ce gamin me rappelait l'enfant que j'avais été, embarrassé de sensations troublantes mais qui, depuis longtemps déjà, se sont révélées être des impressions vraies.

Conclusion

Nos parents, nos amis, nos chers disparus ne sont pas morts. Ils ont simplement changé d'apparence. Le lien d'amour qui nous lie à eux est toujours présent et nous les retrouverons, un jour, dans l'amour de Dieu. En attendant, ils viennent nous voir de temps à autre et nous transmettent des messages de réconfort. Je remarque, dans mes consultations, qu'ils peuvent être partis récemment ou depuis cinquante ans, cela n'a aucune importance. Le temps n'existe pas dans l'au-delà.

J'espère de tout cœur que ce témoignage sur ma vie de médium fera évoluer chaque lecteur vers la certitude que, d'une autre manière, la vie continue.

À chacun d'entre vous, j'adresse mes meilleures pensées spirituelles.

Remerciements

Je remercie mes guides spirituels de leur présence chaque jour à mes côtés, de la force qu'ils me donnent pour accomplir cette mission.

Je remercie tous les esprits qui ont fait l'effort de se matérialiser sur les photos, et ceux qui me parlent sur cassettes.

Du plus profond de mon cœur et de ma foi, je remercie Dieu de me permettre d'être un de ces petits messagers parmi tant d'autres qui, jour après jour et petit à petit, démontrent que la vie se poursuit dans l'autre monde.

Je remercie sincèrement toutes les personnes qui ont voulu témoigner, dans ce livre, de mon travail.

Table

Avant-propos 11

L'enfance 15
Ma mère 19
Mon père 25
Adolescence 29
Le départ de ma grand-mère 33
Première rencontre 35
Ma vie parisienne 41
À Bordeaux 47
Deuxième rencontre 55
Quatre révélations 57
Retour au pays 63
Voyage à Lourdes 77
Un rendez-vous avec Hélène Bouvier 81
Rencontre avec mes guides 87
Aux îles Canaries 93
    Contacts avec le *bas astral* 94
    Un esprit moqueur 98
    Incorporation d'un esprit 99
Une terrible vision 103

En péril 105
Le départ de ma mère 107
Avant-signes de l'au-delà 109
Après-signes de l'au-delà 111
Régressions dans les vies antérieures 115
Poursuite des expériences 119
Une visite au cours d'un repas 119
Visions du passé 120
Une indélicatesse 121
Un message sympathique 122
Une soirée mouvementée 122
Deux anecdotes 123
Quelques réflexions 124
Preuves matérielles de l'au-delà 127
Des voix sur une cassette 133
Le départ de mon chien 137
Ma foi 141
Mes convictions sur l'autre monde
et la spiritualité 145
La mort 145
L'au-delà 146
Le passage dans l'au-delà 147
Nos pensées 151
Le temps de repos 157
Le bilan de notre vie 161
Nos expériences de vie 164
Le deuil 168
Dieu 169
Les conférences 171
En consultation 201

Quand la consultation s'oriente vers la clairvoyance ou la claire audience....... 202
Quand la consultation est un mélange de clairvoyance, de claire audience et de médiumnité.................................... 214
Quand la médiumnité est au centre de la consultation.................................... 220
Ils me font ressentir leur douleur............... 223
Ils viennent nous adresser un message de réconfort 226
Ils viennent nous faire part de leurs regrets 230
Ils viennent nous encourager à la réconciliation.................................... 233
Ils voient à travers la matière...................... 237
Les départs tragiques.................................. 240
Que le message soit long ou court............. 254
L'écriture automatique 259

Conclusion.. 267

Remerciements.. 269

DU MÊME AUTEUR

AUX PRESSES DU CHÂTELET

LES MORTS SONT PARMI NOUS

Un père disparu vient rassurer sa femme et sa fille en donnant le nom des proches qu'il a retrouvés dans le monde des esprits. Un enfant tué par un chauffard raconte à sa famille en grand deuil sa nouvelle vie. Une femme chantonne à l'oreille du médium la chanson qu'elle fredonnait à sa sœur jumelle... Autant de témoignages qui démontrent la survivance de l'âme après la mort.

Dans ce nouvel ouvrage, Alain Joseph Bellet, aidé de ses guides, livre par le biais de nombreuses psychographies les conseils spirituels de différents esprits, venus parler à travers lui de leurs expériences terrestres et de leur existence dans l'autre monde.

Ils nous disent que l'égoïsme, l'ignorance, la colère, l'orgueil, la vengeance, l'attachement aux biens terrestres et les diverses addictions sont quelques-unes des imperfections qu'il nous faut vaincre. L'essentiel est d'apprendre à se connaître soi-même. Des conversations bouleversantes qui nous amènent à comprendre le véritable but auquel nous pouvons tous parvenir : être dans l'amour inconditionnel.

ISBN 978-2-84592-687-5 / H 32-8002-5 / 384 pages / 21 €

DANS LA MÊME COLLECTION

1. Roger CARATINI, Hocine RAÏS, *Initiation à l'islam.*
2. Antoine BIOY, Benjamin THIRY, Caroline BEE, *Mylène Farmer, la part d'ombre.*
3. Pierre MIQUEL, *La France et ses paysans.*
4. Gerald MESSADIÉ, *Jeanne de l'Estoille.* I. *La Rose et le Lys.*
5. Gerald MESSADIÉ, *Jeanne de l'Estoille.* II. *Le Jugement des loups.*
6. Gerald MESSADIÉ, *Jeanne de l'Estoille.* III. *La Fleur d'Amérique.*
7. Alberto GRANADO, *Sur la route avec Che Guevara.*
8. Arièle BUTAUX, *Connard !*
9. James PATTERSON, *Pour toi, Nicolas.*
10. Amy EPHRON, *Une tasse de thé.*
11. Andrew KLAVAN, *Pas un mot.*
12. Colleen MCCULLOUGH, *César Imperator.*
13. John JAKES, *Charleston.*
14. Evan HUNTER, *Les Mensonges de l'aube.*
15. Anne MCLEAN MATTHEWS, *La Cave.*
16. Jean-Jacques EYDELIE, *Je ne joue plus !*
17. Philippe BOUIN, *Mister Conscience.*
18. Louis NUCÉRA, *Brassens, délit d'amitié.*
19. Olivia GOLDSMITH, *La Femme de mon mari.*
20. Paullina SIMONS, *Onze heures à vivre.*
21. Jane AUSTEN, *Raison et Sentiments.*
22. Richard DOOLING, *Soins à hauts risques.*
23. Tamara MCKINLEY, *La Dernière Valse de Mathilda.*
24. Rosamond SMITH, *Double diabolique.*
25. Édith PIAF, *Au bal de la chance.*
26. Jane AUSTEN, *Mansfield Park.*
27. Gerald MESSADIÉ, *Orages sur le Nil.* I. *L'Œil de Néfertiti.*
28. Jean HELLER, *Mortelle mélodie.*
29. Steven PRESSFIELD, *Les Murailles de feu.*
30. Jean-Louis CRIMON, Thierry SÉCHAN, *Renaud raconté par sa tribu.*
31. Gerald MESSADIÉ, *Orages sur le Nil.*
    II. *Les Masques de Toutankhamon.*
32. Gerald MESSADIÉ, *Orages sur le Nil.*
    III. *Le Triomphe de Seth.*
33. Choga Regina EGBEME, *Je suis née au harem.*
34. Alice HOFFMAN, *Mes meilleures amies.*
35. Bernard PASCUITO, *Les Deux Vies de Romy Schneider.*
36. Ken MCCLURE, *Blouses blanches.*
37. Colleen MCCULLOUGH, *La Maison de l'ange.*
38. Arièle BUTAUX, *Connard 2 !*
39. Kathy HEPINSTALL, *L'Enfant des illusions.*
40. James PATTERSON, *L'amour ne meurt jamais.*
41. Jean-Pierre COLIGNON, Hélène GEST, *101 jeux de logique.*
42. Jean-Pierre COLIGNON, Hélène GEST, *101 jeux de culture générale.*
43. Jean-Pierre COLIGNON, Hélène GEST, *101 jeux de langue française.*
44. Nicholas DAVIES, *Diana, la princesse qui voulait changer le monde.*
45. Jeffrey ROBINSON, *Rainier et Grace.*

46. Alexandra CONNOR, *De plus loin que la nuit.*
47. BARBARA, *Ma plus belle histoire d'amour.*
48. Jeffery DEAVER, *New York City Blues.*
49. Philippe BOUIN, *Natures mortes.*
50. Richard NORTH PATTERSON, *La Loi de Lasko.*
51. Luanne RICE, *Les Carillons du bonheur.*
52. Manette ANSAY, *La Colline aux adieux.*
53. Mende NAZER, *Ma vie d'esclave.*
54. Gerald MESSADIÉ, *Saint-Germain, l'homme qui ne voulait pas mourir.* I. *Le Masque venu de nulle part.*
55. Gerald MESSADIÉ, *Saint-Germain, l'homme qui ne voulait pas mourir.* II. *Les Puissances de l'invisible.*
56. Carol SMITH, *Petits meurtres en famille.*
57. Lesley PEARSE, *De père inconnu.*
58. Jean-Paul GOURÉVITCH, *Maux croisés.*
59. Michael TOLKIN, *Accidents de parcours.*
60. Nura ABDI, *Larmes de sable.*
61. Louis NUCÉRA, *Sa Majesté le chat.*
62. Catherine COOKSON, *Jusqu'à la fin du jour.*
63. Jean-Noël BLANC, *Virage serré.*
64. Jeffrey FOX, *Les 75 Lois de Fox.*
65. Gerald MESSADIÉ, *Marie-Antoinette, la rose écrasée.*
66. Marc DIVARIS, *Rendez-vous avec mon chirurgien esthétique.*
67. Karen HALL, *L'Empreinte du diable.*
68. Jacky TREVANE, *Fatwa.*
69. Marcia ROSE, *Tout le portrait de sa mère.*
70. Jorge MOLIST, *Le Rubis des Templiers.*
71. Colleen MCCULLOUGH, *Corps manquants.*
72. Pierre BERLOQUIN, *100 jeux de chiffres.*
73. Pierre BERLOQUIN, *100 jeux de lettres.*
74. Pierre BERLOQUIN, *100 jeux de déduction.*
75. Stuart WOODS, *Un très sale boulot.*
76. Sa Sainteté le DALAÏ-LAMA, *L'Art de la sagesse.*
77. Andy MCNAB, *Bravo Two Zero.*
78. Tariq RAMADAN, *Muhammad, vie du Prophète.*
79. Louis-Jean CALVET, *Cent ans de chansons françaises.*
80. Patrice FRANCESCHI, *L'Homme de Verdigi.*
81. Alexandra CONNOR, *La Faute de Margie Clements.*
82. John BERENDT, *La Cité des anges déchus.*
83. Edi VESCO, *Le Guide magique du monde de Harry Potter.*
84. Peter BLAUNER, *Vers l'abîme.*
85. Gérard DELTEIL, *L'Inondation.*
86. Stéphanie LOHR, *Claude François, secrets de famille.*
87. Jacqueline MONSIGNY, *Floris.* I. *Floris, fils du tsar.*
88. Jacqueline MONSIGNY, *Floris.* II. *Le Cavalier de Pétersbourg.*
89. Arièle BUTAUX, *La Vestale.*
90. Tami HOAG, *Meurtre au porteur.*
91. Arlette AGUILLON, *Rue Paradis.*
92. Christopher REICH, *Course contre la mort.*
93. Brigitte HEMMERLIN, Vanessa PONTET, *Grégory, sur les pas d'un ange.*

94. Dominique MARNY, *Les Fous de lumière*. I. *Hortense*.
95. Dominique MARNY, *Les Fous de lumière*. II. *Gabrielle*.
96. Yves AZÉROUAL, Valérie BENAÏM, *Carla Bruni-Sarkozy, la véritable histoire*.
97. Philippa GREGORY, *Deux sœurs pour un roi*.
98. Jane AUSTEN, *Emma*.
99. Gene BREWER, *K-pax*.
100. Philippe BOUIN, *Comptine en plomb*.
101. Jean-Pierre COLIGNON, Hélène GEST, *101 jeux Cinéma-Télé*.
102. Jean-Pierre COLIGNON, Hélène GEST, *101 jeux Histoire*.
103. Jean-Pierre COLIGNON, Hélène GEST, *101 jeux France*.
104. Jacqueline MONSIGNY, *Floris*. III. *La Belle de Louisiane*.
105. Jacqueline MONSIGNY, *Floris*. IV. *Les Amants du Mississippi*.
106. Alberto VÁSQUEZ-FIGUEROA, *Touareg*.
107. James CAIN, *Mort à la plage*.
108. Hugues ROYER, *Mylène*.
109. Eduardo MANET, *La Mauresque*.
110. Jean CONTRUCCI, *Un jour tu verras*.
111. Alain DUBOS, *La Rizière des barbares*.
112. Jane HAMILTON, *Les Herbes folles*.
113. Senait MEHARI, *Cœur de feu*.
114. Michaël DARMON, Yves DERAI, *Belle-amie*.
115. Ed MCBAIN, *Le Goût de la mort*.
116. Joan COLLINS, *Les Larmes et la Gloire*.
117. Roger CARATINI, *Le Roman de Jésus*.
I. *De Bethléem à Cana*.
118. Roger CARATINI, *Le Roman de Jésus*.
II. *De Tibériade au Golgotha*.
119. Franz LISZT, *Chopin*.
120. James W. HUSTON, *Pluie de flammes*.
121. Joyce Carol OATES, *Le Sourire de l'ange*.
122. Nicholas MEYER, *Sherlock Holmes et le fantôme de l'Opéra*.
123. Pierre LUNEL, *Ingrid Betancourt, les pièges de la liberté*.
124. Tamara MCKINLEY, *Éclair d'été*.
125. Ouarda SAILLO, *J'avais 5 ans*.
126. Margaret LANDON, *Anna et le roi*.
127. Anne GOLON, *Angélique*. I. *Marquise des anges*.
128. Anne GOLON, *Angélique*. II. *La Fiancée vendue*.
129. Jacques MAZEAU, *La Ferme de l'enfer*.
130. Antonin ANDRÉ, Karim RISSOULI, *Hold-uPS, arnaques et trahisons*.
131. Alice HOFFMAN, *Un instant de plus ici-bas*.
132. Otto PENZLER, *Quand ces dames tuent !*
133. Philippe BOUIN, *La Gaga des Traboules*.
134. Jane HAMILTON, *La Brève Histoire d'un prince*.
135. Jean-Michel COUSTEAU, *Mon père le commandant*.
136. Judith LENNOX, *L'Enfant de l'ombre*.
137. Stéphane KOECHLIN, *Michael Jackson, la chute de l'ange*.
138. Jeffrey ARCHER, *Frères et Rivaux*.
139. Jane AUSTEN, *Orgueil et Préjugés*.
140. Kim WOZENCRAFT, *En cavale*.
141. Andrew KLAVAN, *La Dernière Confession*.

142. Barry UNSWORTH, *Le Joyau de Sicile.*
143. Colleen MCCULLOUGH, *Antoine et Cléopâtre.*
I. *Le Festin des fauves.*
144. Colleen MCCULLOUGH, *Antoine et Cléopâtre.*
II. *Le Serpent d'Alexandrie.*
145. Santa MONTEFIORE, *Le Dernier Voyage du* Valentina.
146. Charles TODD, *Trahison à froid.*
147. Bertrand TESSIER, *Belmondo l'incorrigible.*
148. Elizabeth MCGREGOR, *Une intime obsession.*
149. Anne GOLON, *Angélique.* III. *Fêtes royales.*
150. Anne GOLON, *Angélique.* IV. *Le Supplicié de Notre-Dame.*
151. Clinton MCKINZIE, *La Glace et le Feu.*
152. Edi VESCO, *Soleil d'hiver.*
153. Tariq RAMADAN, *Mon intime conviction.*
154. Jean-Dominique BRIERRE, *Jean Ferrat, une vie.*
155. Dale BROWN, *Feu à volonté.*
156. Émile BRAMI, *Céline à rebours.*
157. Joyce Carol OATES, *Œil-de-serpent.*
158. Didier PORTE, *Sauvé des ondes.*
159. Alberto VASQUEZ-FIGUEROA, *Les Yeux du Touareg.*
160. Jane AUSTEN, *Persuasion.*
161. Michaël DARMON, Yves DERAI, *Carla et les ambitieux.*
162. Alexandre DUMAS, *Les Borgia.*
163. Julie GREGORY, *Ma mère, mon bourreau.*
164. Philippa GREGORY, *L'Héritage Boleyn.*
165. Tamara MCKINLEY, *Le Chant des secrets.*
166. Dominique JAMET, *Ces discours qui ont changé le monde.*
167. James PATTERSON, *Rendez-vous chez Tiffany.*
168. Anabelle DEMAIS, *Liaison dangereuse.*
169. Deborah SMITH, *Un café pour deux.*
170. Yann QUEFFÉLEC, *Le Piano de ma mère.*
171. Gerald MESSADIÉ, *Jacob, l'homme qui se battit avec Dieu.*
I. *Le Gué du Yabboq.*
172. Judith LENNOX, *Des pas dans la nuit.*
173. Colleen MCCULLOUGH, *Les Caprices de Miss Mary.*
174. Jonathan KING, *La Voix des oubliés.*
175. Gerald MESSADIÉ, *Jacob, l'homme qui se battit avec Dieu.*
II. *Le Roi sans couronne.*
176. Bernard PASCUITO, *Célébrités : 16 morts étranges.*
177. Tami HOAG, *Contre toute évidence.*
178. Anatole LE BRAZ, *La Légende de la mort.*
179. Jane AUSTEN, *Northanger Abbey.*
180. Ronlyn DOMINGUE, *Le Souffle de l'éternité.*
181. Judy WESTWATER, *Abandonnée !*
182. Donald JAMES, *Vadim.*
183. Heather LEWIS, *Le Second Suspect.*
184. Louis PERGAUD, *La Guerre des boutons.*
185. Lori LANSENS, *Les Filles.*
186. Philippe BOUIN, *Paraître à mort.*
187. Jeffrey FOX, *Comment être un bon manager.*

188. Clinton McKinzie, *Au-dessus du gouffre.*
190. Simon Mawer, *Faille intime.*
191. Stendhal, *La Chartreuse de Parme.*
193. Joyce Carol Oates, *L'Amour en double.*
194. Gerald Messadié, *Ramsès II l'Immortel.* I. *Le Diable flamboyant.*
195. Gilles van Grasdorff, *Le dalaï-lama, la biographie non autorisée.*
196. Ann Radcliffe, *Les Mystères d'Udolpho.*
197. Deborah Smith, *La Montagne de l'ours.*
198. Lisa Gardner, *Jusqu'à ce que la mort nous sépare.*
199. James Patterson, *Contre l'avis des médecins.*
200. Robert Belleret, *Jean Ferrat, le chant d'un révolté* (pack).
201. Gerald Messadié, *Ramsès II l'Immortel.*
II. *Le Roi des millions d'années.*
202. Siski Green, *Faire l'amour à une femme, le guide.*
203. Siski Green, *Faire l'amour à un homme, le guide.*
204. Jacqueline Monsigny, *Le Maître de Hautefort.*
205. Bertrand Tessier, *Bernard Giraudeau, le baroudeur romantique.*
206. Allan Folsom, *La Conspiration Hadrien.*
207. Charles Dickens, *Le Mystère d'Edwin Drood.*
208. Jacqueline Monsigny, *La Dame du bocage.*
209. Bertrand Tessier, *Delon & Romy.*
210. Tamara McKinley, *L'Héritière de Jacaranda.*
211. Bertrand Pascuito, *Dalida, une vie brûlée.*
212. Patrick Mahé, *Elvis et les femmes.*
213. Anne Brontë, *Agnes Grey.*
214. Cecilia Samartin, *Le Don d'Anna.*
215. Marie-Bernadette Dupuy, *Le Refuge aux roses.*
216. Pierre Lunel, *L'Abbé Pierre, l'insurgé de Dieu.*
217. Colleen McCullough, *Fleurs sanglantes.*
218. Wilkie Collins, *Le Secret.*
219. Gerald Messadié, *Ramsès II l'Immortel.*
III. *Celle qui s'empara du ciel.*
220. Jacqueline Monsigny, *La Tour de l'orgueil.*
222. Lisa Gardner, *La Fille cachée.*
223. Anne Brontë, *La Dame du manoir de Wildfell hall.*
224. Jane Hamilton, *Un acte de désobéissance.*
225. Gene Hackman, *L'Étoile perdue.*
226. Mary Elizabeth Braddon, *La Trace du serpent.*
227. Sameem Ali, *Le Voile de la douleur.*
228. Lisa Gardner, *Tu ne m'échapperas pas.*
229. Doris Glück, *Niqab.*
230. William Diehl, *La Loi du silence.*
231. Bernard Pascuito, *Annie Girardot.*
232. Matt Bondurant, *Des hommes sans loi.*
233. Roger Moore, *Amicalement vôtre.*
234. Mary Webb, *La Renarde.*
235. Philippe Bouin, *Va, brûle et me venge.*
236. Henry James, *Lady Barberina.*
237. Amelia Opie, *Adeline Mawbray.*
238. Bertrand Tessier, *La Dernière Nuit de Claude François.*

239. Shirin EBADI, *La Cage dorée.*
240. Charles DICKENS, *De grandes espérances.*
241. Joyce Carol OATES, *Le Département de musique.*
242. Gerald MESSADIÉ, *4 000 ans de mystifications historiques.*
243. Wilkie COLLINS, *La Pierre de lune.*
244. Kirk DOUGLAS, *Le Fils du chiffonnier.*
245. Kathy GLASS, *Violentée.*
247. Louis-Jean CALVET, *Léo Ferré.*
248. Elizabeth VON ARNIM, *La Bienfaitrice.*
249. Deborah SMITH, *Le Secret d'Alice.*
250. Jean-Luc DELARUE, *Carnets secrets.*
251. Tamara MCKINLEY, *La Terre du bout du monde.*
252. Charlotte BRONTË, *Villette.*
253. Seymour HERSCH, *La Face cachée du clan Kennedy.*
254. Cecilia SAMARTIN, *La Belle Imparfaite.*
255. Marie-Bernadette DUPUY, *L'Amour écorché.*
256. George ELIOT, *Silas Marner.*
257. Jean-Noël BLANC, *Grandes heures du Tour de France.*
258. Colleen MCCULLOUGH, *Fleurs sanglantes.*
259. Frances TROLLOPE, *La Veuve Barnaby.*
260. Sam BERNETT, *Johnny, 7 vies.*
261. Charlotte LINK, *La Belle Hélène.*
262. Charles DICKENS, *La Mystérieuse Lady Dedlock.*
263. Charles DICKENS, *Le Choix d'Esther.*
264. Michel EMBARECK, *La mort fait mal.*
265. Richard CONDON, *Un crime dans la tête.*
266. Alfredo COLITTO, *L'Élixir des Templiers.*
267. Emily BRONTË, *Les Hauts de Hurlevent.*
268. *Le Coran.*
269. Philippe CROCQ, Jean MARESKA, *La Vie pas toujours rose d'Édith Piaf.*
270. Mary Elizabeth BRADDON, *Le Secret de lady Audley.*
271. Gerald MESSADIÉ, *Et si c'était lui ?*
272. Kate SNELL, *Le Dernier Amour de Diana.*
273. Wilkie COLLINS, *La Dame en blanc.*
274. Mélanie ROSE, *La Mémoire d'une autre.*
275. Raluca NATHAN, *L'Âme tatouée.*
276. Candice COHEN-AHNINE, *Rendez-moi ma fille.*
277. *Les Prophéties de Nostradamus.*
278. *Le Grand et le Petit Albert.*
279. Patrice FRANCESCHI, *Quatre du Congo.*
280. Patrice FRANCESCHI, *Terre farouche.*
281. Patrice FRANCESCHI, *Qui a bu l'eau du Nil...*
282. Patrice FRANCESCHI, *Raid papou.*
283. Reynald ROUSSEL, *Ce que les morts nous disent.*
285. Michel TAUBMAN, *Le Roman vrai de DSK.*
286. René BENJAMIN, *Gaspard.*
287. Philippa GREGORY, *La Reine clandestine.*
288. David DOSA, *Un médium nommé Oscar.*
289. Sharon MCGOVERN, *Terrifiée.*
290. Annabelle DEMAIS, *Rose sang.*

291. Maud TABACHNIK, *Je pars demain pour une destination inconnue.*
292. Pierre MIKAÏLOFF, *Bashung, vertige de la vie.*
293. Anthony TROLLOPE, *L'Héritage Belton.*
294. Jacqueline MONSIGNY, *La Sirène du Pacifique.*
295. Charlotte BRONTË, *Jane Eyre.*
296. Stéphane BOUCHET, Frédéric VÉZARD, *Cantat, l'amour à mort.*
297. Molly WEATHERFIELD, *Dangereux plaisirs.*
298. Jacques LAURENT, *Caroline chérie* (t. 1).
299. Jacques LAURENT, *Caroline chérie* (t. 2).
300. Cathy GLASS, *Ne dis rien.*
301. Tamara MCKINLEY, *Les Pionniers du bout du monde.*
302. Gerald MESSADIÉ, *L'Impératrice fatale.* I. *La Fille Orchidée.*
303. Joyce Carol OATES, *Une troublante identité.*
304. Lysa S. ASHTON, *De cuir et de soie.*
305. SHEILA, *Danse avec ta vie.*
306. Cecilia SAMARTIN, *Rosa et son secret.*
307. Elizabeth VON ARNIM, *Père.*
308. Gerald MESSADIÉ, *L'Impératrice fatale.* II. *Le Bûcher du Phénix.*
309. Marie-Bernadette DUPUY, *Le Cachot de Hautefaille.*
310. Bernard PASCUITO, *Coluche.*
311. Nicholas MEYER, *La Solution à 7 %.*
312. Elizabeth GASKELL, *Ruth.*
313. Kathy HARRISON, *Les Larmes de Daisy.*
314. Sarah LARK, *Le Pays du nuage blanc.*
315. Louise COLET, *Un drame dans la rue de Rivoli.*
316. Dorothy CHITTY, *Mon ange gardien m'a sauvée.*
317. James HAYMAN, *L'Écorcheur de Portland.*
318. Judith LENNOX, *Mes sœurs et moi.*
319. Fred HIDALGO, *Jacques Brel.*
320. Amale El ATRASSI, *Louve Musulmane.*
321. Antonin MALROUX, *La Fille des eaux vives.*
322. Gérard LENORMAN, *Je suis né à vingt ans.*
323. Alexandre DUMAS, *Le Docteur mystérieux.*
324. Michel QUINT, *Veuve noire.*
325. Jack LANCE, *Tu es mort.*
326. Anne ROUMANOFF, *Normal 1er, roi des Français.*
327. Marc ALYN, *Monsieur le chat.*
328. Madeleine GOLDSTEIN, *On se retrouvera. Survivre à Auschwitz.*
329. Hermine de CLERMONT-TONNERRE, *Le Savoir-vivre au XXIe siècle.*
330. Sean BOYNE, *Mon père m'a vendue.*
331. Alexandre DUMAS, *La Fille du marquis.*
332. Éd. par Joseph VEBRET, *De l'amour, une anthologie de lettres et de poèmes.*
333. Guy ROUX, *Il n'y a pas que le foot dans la vie.*
334. Charlotte BRONTË, *Le Professeur.*
335. Diane et Bernie LIEROW, *Sauvée par l'amour.*
336. Edgar MORIN, *Au péril des idées.*
337. Nicholas MEYER, *L'Horreur du West End.*
338. Émile ZOLA, *Madeleine Férat.*
339. Bernard VINCENT, *Lincoln, l'homme qui sauva les États-Unis.*
340. Raphaël DELPARD, *L'Enfant sans étoile.*

341. Jacqueline BRISKIN, *Paloverde.*
342. Joyce Carol OATES, *Fleur vénéneuse.*
343. Karl ZÉRO, *Disparues.*
344. Colleen MCCULLOUGH, *Tim.*
345. Charles DICKENS, *La Petite Dorrit* (t. 1).
346. Lizzie MCGLYNN, *Je te pardonne, papa.*
347. Charles DICKENS, *La Petite Dorrit* (t. 2).
348. Joseph VEBRET, *Maman, ces poèmes sont pour toi.*
349. Thomas HARDY, *Loin de la foule déchaînée.*
350. Alexandre DUMAS, *Le Chevalier de Maison-Rouge.*
351. Tamara MCKINLEY, *L'Or du bout du monde.*
352. Marie-Bernadette DUPUY, *Du sang sous les collines.*
353. Pearl BUCK, *L'Énigme éternelle.*
354. Colleen MCCULLOUGH, *Un autre nom pour l'amour.*
355. Lewis WALLACE, *Ben-Hur.*
356. Michael CLEMENGER, *Dans l'enfer de l'orphelinat.*
357. Georges SAND, *Le Dernier Amour.*
358. Cécilia SAMARTIN, *La Promesse de Lola.*
359. Lilly LINDNER, *Moi, Lilly, violée, prostituée.*
360. Alexandra RIPLEY, *Charleston.*
361. Mario PUZO, *Le Sang des Borgia.*
362. Jacqueline BRISKIN, *Les Sentiers de l'aube.*
363. Alexandre DUMAS, *Jane.*
364. Tariq RAMADAN, *L'Islam et la réforme radicale.*
365. Anne de BOURBON-SICILES, *Le Chant du pipiri.*
366. Sacha BUZMANN, *Le Jouet du prédateur.*
367. Michel EMBARECK, *Le Rosaire de la douleur.*
368. Pamela HARTSHORNE, *L'Écho de ton souvenir.*
369. Sarah LARK, *Le Chant des esprits.*
370. Brenda JAGGER, *Les Chemins de Maison Haute.*
371. Edgar MORIN, *Au rythme du monde.*
372. François DELPLA, *Nuremberg face à l'Histoire.*
373. Cathy GLASS, *Maman dit que c'est ma faute.*
374. Susan HILL, *La Main de la nuit.*
375. Mélanie ROSE, *Coups de foudre.*
376. Patrick POIVRE-D'ARVOR, *Rapaces.*
378. Colleen MCCULLOUGH, *La Passion du docteur Christian.*
379. Marie-Françoise LOOCK, *L'Encyclopédie des trucs.*
380. Alexandra RIPLEY, *Retour à Charleston.*
381. Thomas HARDY, *Le Maire de Casterbridge.*
382. Paula HADDAD, *J'ai liké ton profil... et j'aurais pas dû.*
383. Brenda JAGGER, *Le Silex et la Rose.*
384. Karl ZÉRO, *Coupable ? non coupable ?*
385. Constance MEYER, *La Jeune Fille et Gainsbourg.*
386. Stefan AUS DEM SIEPEN, *La Corde.*
387. Lucy DILLON, *Chiens perdus & cœurs solitaires.*
388. Alexandra RIPLEY, *La Demoiselle du Mississippi.*

389. Kim MESSIER, *Baiser à Manhattan.*
390. Tina ROTHKAMM, *Mon combat pour libérer ma fille.*
391. Lindsay CHASE, *Un amour de soie.*
392. Dawn FRENCH, *Cette chère Sylvia.*
393. James PATTERSON, *Celui qui dansait sur les tombes.*
394. Thomas HARDY, *Jude l'obscur.*
395. Brenda JAGGER, *Retour à Maison Haute.*
396. Peter BENCHLEY, *Les Dents de la mer.*
397. Hugues ROYER, *Est-ce que tu m'entends ?*
398. Tariq RAMADAN, *De l'Islam et des musulmans.*
399. Bertrand TESSIER, *Grace, la princesse déracinée.*
400. Tamara MCKINLEY, *L'Ile aux mille couleurs.*
401. Diana LAMA, *Scalpel.*
402. Pierre RIPERT, *La Franc-maçonnerie révélée aux profanes.*
403. Thomas HARDY, *Le Retour au pays natal.*
404. Sarah LARK, *Le Cri de la terre.*
405. Mary Jane CLARK, *Vous promettez de ne rien dire ?*
406. Marie-Bernadette DUPUY, *Les Croix de la pleine lune.*
407. Jacqueline BRISKIN, *Le Palais du comte Paskevitch.*
408. Boris STARLING, *Vendredi saint.*
409. Colleen MCCULLOUGH, *Le Dernier Banquet.*
410. Allison DUBOIS, *Ce que nous disent les défunts.*
411. Andreas GRUBER, *48 heures pour mourir.*
412. Edgar Rice BURROUGHS, *Tarzan, seigneur de la jungle.*
413. Tariq RAMADAN, *Être occidental et musulman aujourd'hui.*
414. TOLSTOÏ, *Guerre et Paix* (t. 1).
415. TOLSTOÏ, *Guerre et Paix* (t. 2).
416. Lindsay CHASE, *Le Torrent des jours.*
417. Colleen MCCULLOUGH, *Les Quatre Filles du révérend Latimer.*
418. Hélène MONTEL, *Détruite.*
419. Alain-Joseph BELLET, *Je communique avec les défunts.*
420. Philippa GREGORY, *La Princesse blanche.*
421. Piero DEGLI-ANTONI, *Bloc 11.*

Cet ouvrage a été composé par
Atlant'Communicaton
au Bernard (Vendée)

Impression réalisée par

CPI

en juin 2021
pour le compte des Éditions Archipoche

Imprimé en France
N° d'édition : 419
N° d'impression : 2058703
Dépôt légal : septembre 2016